JN436996

결을 만지다

결을 만지다

조현숙 수필집

수필과비평사

서문

코로나 창궐로 이전의 평범한 일상들이 얼마나 귀하고 소중한지 알게 되었습니다. 마스크는 필수가 되었고 사회적 거리두기와 비대면 일상에 이어 코로나 블루의 경계를 넘나들면서도 배려심은 커지고 공동체 의식은 더욱 여물어졌습니다.

집에 머무는 시간이 많아졌습니다. 모퉁이에 밀어둔 서랍장을 정리하노라니 덮어둔 감정이 하나둘 고개를 듭니다. 등나무처럼 얽히고설킨 지난 세월이 막연히 혼돈 속을 헤매게 만들었습니다. 묵은 시간들을 켜켜이 정리하기로 하였습니다. 사유와 철학이 빠진 조촐한 반상이지만 빗금진 마음들에 잠시나마 단비이길 바랍니다.

지면을 통해 많은 분들께 인사를 드리고 싶습니다. 먼저, 줄탁동시의 심정으로 한결같이 지도해준 김정화 수필가님께 감사드립니다. 낳고 키워주신 친정어머니와 우리 아이들을 키워주신 시어머니, 부족한 동생을 자랑스럽게 생각하고 호응하는 두 오라버니와 언니들께도 고개 숙입니다.

무엇보다 믿음과 사랑으로 응원해주는 나의 가족, 예순 돌을 맞는 남편 김을규 씨와 반듯하게 잘 자라준 소윤, 민경, 종성 세 아이들에게도 무한한 사랑을 전합니다.

"모두 고맙고 사랑합니다!"

2020년 늦가을

조현숙

차례

제2부 결을 만지다

제3부 피에로가 웃고 있지

제4부 그곳에 가면

제5부 무릉도원에서 기적을 만나다

제1부

미네르바의 부엉이

남자의 세월

남편이 하 수상하다. 무슨 바람이 불었는지 거울 앞에 서는 일이 잦다. 옷도 이것저것 입었다 벗기를 반복한다. 기장이 길다거나 바짓가랑이 품이 넓다는 둥 한 마디씩 불평을 쏟아내고는 종이 가방에 옷가지를 쓸어 담는다. 수선하는 집에 직접 맡기기 위해서다. 잠깐 외출에도 현관 거울 앞에서 한참을 기웃거린다.

요즘은 꽃중년 남자가 대세이다. 남자라도 외모 관리를 잘하여 고운 피부와 근육질 몸매, 개성 있는 패션으로 당당히 자기 존재를 알리고 있다. 그러나 경제적으로 여유가 많지 않은 남편과는 동떨어진 먼 나라 이야기일 뿐이다. 남자가 되어 외모에 관심을 갖는 것은 천하에 한심한 노릇이고 쓸데없는 사치라며 터부시하던 남편이다. 세안 후에는 스킨 하나 찔끔 바르는 게 전부이다. 그것도 손바닥에 두어 방울 떨어뜨려 한 번 쓱 문지르고 만다. 옷은 한두 벌만 있으면 된다고 생각하는 사람이다. 실제로 남편은 거의 단벌신사다. 마음에 드는 바지가 있으면 똑같은 걸 두세 개 동시에 구매하여 세탁할 때까지 한 가지만 입는다. 날마다 갈아입으면 세탁할 옷이 어느 것인지 헷갈리고 옷장도 복잡해진다는 핑계를 댄다. 신발은 구두와 운동화 각각 한 켤레로 모든 패션을 커버한다.

그러나 유행과는 무관한 채 일만 하던 그이가 달라지고 있다. 얼굴에 스킨을 발라도 제법 꼼꼼하게 두드린다. 자외선 차단제를 챙겨 바르기도 한다. 시건방져 보인다며 기피하던 선글라스도 야외 운동 시에는 착용한다. 어두운 색을 내려놓고 밝고 선명한 티셔츠를 즐겨 입는다. 핏이 딱 떨어지게 통이 좁고 길지 않은 바지도 선호한다. 스마트한 젊은이들을 흉내 내고 있는 것이다.

스스로 생각해도 젊어진 패션이 어색한 모양이다. 괜찮은지 자꾸 물어본다. 눈을 반짝이며 거울 앞에 서성이는 모습이 낯설기도 하고 안쓰럽게도 보인다. 노모와 처자식을 먹여 살리느라 자신의 삶은 내려놓고 평생 일에 매진하던 사람이다. 나이와 얼굴에 맞지 않다고 말하면

실망할까 봐 잘 어울린다며 힘을 실어준다. 그러면서 특별히 잘 보이고 싶은 사람이 있는지 슬쩍 건드려보았다. 당연히 반발은 거세다. 자세히 보니 윤기 없는 거무스레한 얼굴에 훈장마냥 주름이 선명하다. 풍성하던 머리숱은 온데간데없고 흐릿한 앞이마 라인은 정수리로 물러나고 있다. 등은 굽어가고 한쪽 어깨는 처져있다. 젊음이 스러져가는 뒤안길에 선 중년 남자의 처절한 몸부림쯤으로 여겨 보인다.

그가 외모뿐만 아니라 집안일에도 관심을 보인다. 예전에는 무엇이 든지 나 몰라라 하던 사람이다. 아침에 과일주스를 갈면 슬그머니 다가와서 보조한다. 생과일주스 윗부분의 거품을 걷어내기도 하고 식구 수대로 컵에 따라놓는다. 믹서기의 날이 위험하다며 물을 부어 다시 돌려 씻는 것도 잊지 않는다. 전기밥솥 뚜껑을 열지 못해서 반나절을 굶던 사람이 이제는 취사 버튼을 눌러 밥을 하고 다 된 밥을 주걱으로 고슬고슬 풀어놓기도 한다. 내가 바쁘게 외출할 경우에는 설거지를 자처한다. 물론 자신의 노고에 대해 과하게 생색내는 걸 잊지 않는다. 칭찬이라도 해주면 뜻밖의 멋진 그림을 완성한 화가처럼 홍조가 인다.

TV 채널은 남편의 마음에 달려 있다. 나이가 들면서 오갈 데 없어 일찍 퇴근한 남편은 텔레비전에 시선을 고정시킨다. 정치나 스포츠 채널을 고수하던 이였다. 과정은 생략하고 결론만 다그치던 남편이 소소한 일상을 상세하게 다룬 드라마를 눅진하게 앉아 시청한다. 출근하기 바쁘다 하면서도 화면 속 주인공에 감정이입이 되어 사뭇 진지한 표정이다. 그러다가 눈물이라도 흘릴까 내심 걱정되기도 한다.

무엇이든 흔쾌히 오케이하던 남편이 작은 것에도 삐친다. 아이들과 이야기를 나누거나 간식을 먹고 있으면 자신을 빼놓았다고 서운함을 표한다. 조건 없이 먼저 도움을 주던 사람이 이제는 상대의 무심함에 섭섭함을 토로한다. 저녁 식사를 하고 오냐고 물어도 볼멘 목소리다. 전에 없이 셀프 홍보에도 적극적이다. 왕년의 잘나가던 시절 뿐 아니라 갓 완공된 공장이 화마에 휩싸여 꼭두새벽에 달려가던 일, 외환위기로 부도났을 때의 절망과 좌절, 그리고 재기에 이르기까지 레퍼토리는 다양하다. 이쯤에서 얼굴이 상기되는 남편의 얼굴엔 회한이 어린다.

거래처는 물론 물건을 납품한 대기업마저 줄도산하면서 연쇄적으로 남편 회사가 부도를 맞을 때였다. 그이가 채무자에게 감금되어 고초를 겪던 어느 밤, 나는 아무것도 모른 채 귀가하지 않는 남편이 걱정되어 경찰서에 실종신고를 했었다. 경찰관은 대수롭잖은 말투로 젊은 남자이고 연락두절이 얼마 되지 않았으니 금방 들어올 거라며 걱정하지 말라고 했다. 피를 말리던 몇 시간 후 정말 남편은 귀가했다. 그러나 술 취한 모습이 아닌, 겁에 질린 눈과 흙바닥에 밀쳐져 초췌한 몰골이었다. 하룻밤 새 완전 딴사람이 되어버렸다. 젊음을 바친 공장에 이어 노모를 모시고 처자와 살던 집마저 경매에 부쳐졌을 때 땅을 치며 통곡하던 모습이 떠올라 함께 눈시울이 붉어졌다. 남편은 모진 협박에도 몸을 피하지 않고 정면 돌파에 나섰다. 다시 밑바닥에서 맨손 투혼이 시작되었다. 험난한 세월을 숨죽여 건너면서 남편의 강인한 정신력과 성실함에 운이 더해져 우리는 빚 청산을 넘어 사유재산도 생기게 되었다.

여러 차례 듣는 이야기일지라도 나는 가만히 들어주고 새삼 감동한 표정을 짓는다. 나이가 들면서 자신의 입지가 좁아지는가 보다. 남자도 세월의 무게에 쇠락하는 몸만큼 마음병을 앓는 모양이다. 그럴 때면 나는 남편을 치켜세우다가 바닥에 떨어뜨리기도 한다. 월급날마다 마누라뿐 아니라 장모님 통장에도 생활비를 꼬박꼬박 자동이체하는 사위가 세상에 어디 또 있겠냐면서. 하지만 말에도 온도가 있으니 가족에게 말투를 좀 더 따뜻하게 해 달라고 덧붙인다. 인정 많고 사려 깊은 내 남편이 자기주장만 고집하는 꼰대를 벗어나 유연한 삶의 향기가 물씬 나는 꽃대로 존경받길 바라기 때문이다.

남편은 오늘도 퇴근길에 전화를 했다. 집에 식구들은 다 있는지, 밥은 먹었는지, 날마다 먹는데도 된장찌개가 있는지 묻는다. 불고기 등 특별한 메뉴를 준비했다고 하니 인생 학교 예순 돌을 맞는 남자가 아이처럼 기뻐한다. 무릇 감정이 분화하는 갱년기는 여자에게만 오는 것이 아닌 모양이다.

모르면 물어보라

대학별 입학전형이 나왔다. 예비고사 성적을 보며 응시 원서를 쓸 무렵이었다. 본고사가 사라져 내신 성적도 약간 반영되지만 대입예비고사 점수가 그 여느 때보다 절대적인 비중을 차지하던 해였다. 마른 낙엽만 뒹구는 휑뎅그렁한 교정에 못 보던 차들이 들락거렸다. 운전기사가 딸린 고급 승용차도 더러 있었다. 자녀들의 진로 상담을 받으러 온 학부모들이었다.

연말의 고3 교실은 북새통을 이루었다. 성적이나 선호도에 따라

끼리끼리 모여 장래희망과 고민을 나누기도 하고 옆 학교 남학생들 이야기로 깔깔대기도 했다. 방문한 학부모들이 사 온 간식은 늘 우리를 행복하게 만들었다. 그러나 입학원서를 쓰기 시작하면서 입맛 잃은 아이들은 더 이상 오색 송편을 반기지 않게 되었다.

아무 생각이 없었다. 애초 대학은 안중에도 없었다. 고등학교 졸업장만 받으면 대성공이라 생각했다. 실력이 출중한 아이들과 함께 공부하며 겨루어본 것으로 충분히 만족했다. 예비고사를 본 것은 담임선생님께서 일괄적으로 서류를 넣었기에 시류에 밀려 어쩔 수 없었다. 솔직히 말하면 내 실력이 전국에서 어느 정도인지 궁금하기도 했기에 경험 삼아 응했던 것이다.

원서를 제출하지 않는 나를 담임선생님이 부르셨다. 결과도 썩 만족스럽지 못했지만 집안 형편상 진학할 수 없다고 솔직히 말씀드렸다. 완고한 내 고집 못지않게 선생님도 뜻을 굽히지 않으셨다. 끈질긴 설득에 못 이겨 결국 교육대학교에 지원해보기로 했다. 등록금이 적고 졸업과 동시에 교사로 발령날 수 있기에 도전해볼 만했다. 그러나 끝까지 서울 유학을 추천하시던 선생님은 차선책으로 지방 국립대 사범대학에 가라며 자비로 또 하나의 원서를 넣어주셨다. 정신이 얼떨떨했다. 어쩌다 생각지도 못한 대학생이 될 형국이었다.

당시에는 여러 개 대학에 입학원서를 넣을 수 있었다. 그러나 면접은 전국 동시에 실시되기에 눈치껏 한 대학을 잘 선택해야만 했다.

드디어 면접일이 되었다. 혹시 늦을까 봐 나에게 살가운 부산 이모님 댁에서 숙식을 제공받고 집을 나섰다. 도시의 출근 시간이 그렇게 붐비는 줄 미처 몰랐다. 정차하지 않고 통과하는 버스 때문에 시골 아이는 속이 까맣게 타들어갔다. 가까스로 전날 탔던 번호의 시내버스를 탔다. 담임선생님의 신신당부로 하루 전 예비소집 때 사범대학을 다녀왔기에 번호와 소요 시간을 기억해둔 것이다. 충분할 것 같았다.

버스는 정류장마다 정차했고 머무는 시간은 길기만 했다. 만원버스이다 보니 타는 사람은 못 탈까 봐 무작정 밀고 올라왔고 내리는 사람도 쉽게 못 내리는 통에 버스는 문을 닫지 못한 채 엉거주춤했다. 시간이 많이 지난 듯하여 차창 밖을 보니 어제 본 그 풍경은 나올 낌새가 아니다. 옆 사람에게 물어보고 싶었지만 촌티 날까 봐 가만히 있었다. 불안한 침묵 속에 서너 정거장이 또 지나갔다.

아무래도 이상하다 싶어 어렵게 입을 열었다. 주변 아주머니께 부대(부산대학교)가 어디냐고 여쭈었다. 아주머니는 다음 정류소에 내리면 된다고 친절하게 일러주었다. 다행히 가슴을 쓸어내리며 하차했다. 동시 면접으로 대학마다 교문을 닫는 9시 정각이 7분 남았다. 그런데 어제의 풍경이 아니었다. 또다시 지나가는 사람을 붙잡고 물었다. "여긴 군부대인데 삼십여 분 더 가야 하는 부산대학교를 왜 여기서 찾느냐?"며 딱한 눈빛을 보냈다. 아뿔싸, 생각도 없이 말한 부산대학교의 약칭 '부대'를 군부대로 들으신 것이었다. 애초 잘못 여쭌 내가 잘못이었다. 바로 알았다 해도 때는 이미 늦어버렸다. 나의 불찰로 대학과는 인연이 멀어져갔다. '입은 놔뒀다 어디다 쓰냐? 모르면 미리 물어봤어야지. 못난 자존심만 내세우다니….' 자괴감이 나를 짓눌렀다.

그때 불현듯 생각이 났다. 내 손으로 쓴 입학원서가 하나 더 있었다는 걸. 부산교육대학교 위치를 물었더니 손끝을 가리켰다. "걷기에는 꽤 멀고 택시는 안 잡히는 곳이고…" 끝까지 듣지 못하고 손가락 방향으로 무작정 내달렸다. 숨이 턱턱 찼지만 잠시도 멈출 수가 없었다. 드디어 교문이 보였다. 그러나 오르막인 데다 풀어진 다리로 달려가기엔 너무 멀었다. 그때 수위 아저씨가 시계를 확인하더니 교문을 닫기 시작했다. "아저씨, 아저씨~!" 목청껏 고함을 질렀다. 큰 문을 먼저 닫고 나머지 쪽문을 닫으려던 찰나 아저씨가 멈칫했다. 아홉 시 정각, 숨을 헐떡이며 새파랗게 달려오는 여학생이 쓰러지듯 통과하자 문은 철커덩 굳게 잠겼다. 절대 잊을 수 없는 순간이고 은혜였다.

이후 나의 좌우명은 '모르면 물어보라.'가 되었다. 남에게 민폐가 될까 봐, 촌티날까 봐, 이상해도 묻지 않고 느낌에 의존하여 입을 꾹 다물고 있다가 하마터면 대학은 물론 교사의 길을 영원히 놓칠 뻔했다. 수많은 고난 속에서도 세계 최대의 몽골제국을 건설한 칭기즈 칸의 '나는 내 이름도 쓸 줄 몰랐으나 남의 말에 귀 기울이면서 현명해지는 법을 배웠다.'라는 명언이 한 번 더 가슴에 새겨졌다.

타인의 지혜를 가장 손쉽게 얻을 수 있는 방법은 경청하는 것이다. 그리고 직접 실천해야 한다. 지금 당장은 그 필요성을 느끼지 못해도 배워두면 언젠가는 반드시 쓰일 날이 온다. 자잘한 노동이나 지식 등을 경험자로부터 겸허한 자세로 배워둘 일이다.

'새는 날아서 어디로 가게 될지 몰라도 나는 법을 배운다.'는 류시화 시인의 말이 자꾸만 입속에서 되뇌어진다.

미네르바의 부엉이

고대 로마 신화에 나오는 지혜의 여신 미네르바는 황혼녘 산책을 즐겼다고 한다. 그때마다 부엉이를 데리고 다녔다. 헤겔이 《법철학》에서 '미네르바의 부엉이는 황혼녘에 날아오른다.'는 말을 쓴 이후로 이 말은 철학을 상징하기도 하지만, 보통은 거리두기나 관망하기의 지혜를 의미한다. 예컨대 누군가 오전 내내 부산하게 일했다고 해서 선불리 평가를 해서는 안되고 일이 끝난 황혼녘에 가서야 제대로 된 평가가 가능해진다는 말이다. '미네르바의 부엉이'는 오랜 시행착오를 거쳐 발

견하게 된 지혜의 가치를 역설할 때에 쓰이기도 한다. 여신 미네르바의 얼굴 위로 큰딸이 오버랩된다.

녀석은 붙박이처럼 의자에 앉아 있었다. 온종일 컴퓨터 화면만 들여다본다. 언제까지 그러고 있을지 걱정이다. 속상한 마음에 안에서 불덩어리가 불쑥 치밀어 오른다. 가까스로 목구멍에서 꿀꺽 삼킨다. 하고 싶은 말을 내뱉는 순간 남는 건 상처뿐이란 걸 잘 안다. 앞날이 안갯속이다 보니 녀석도 답답하겠지. 그저 애꿎은 방 앞을 오며가며 무심한 뒤통수만 지켜볼 뿐이다.

가을볕이 따사로운 휴일이다. 늦어진 점심 밥상에 앉아 TV를 켠다. 때마침 광고 시간이다. 나른함을 일깨우는 경쾌한 음악에 저절로 눈이 간다. 빠른 리듬에 맞춘 발랄한 댄스가 돋보인다. 화사하게 미소 지은 얼굴들이 보기 좋다. 새로운 걸그룹인가 했더니 현직 교사들이 출연한 홍보영상이다. 초등교사가 부족한 어느 교육청에서 임용 지원하라고 부추긴다. 멋진 발상이다.

무심코 수저를 들다 맞은편에 앉은 녀석과 눈이 딱 마주쳤다. 순간, 번개처럼 생각이 스쳐 지나간다. 그래, 바로 그거야. 교직이 적성에 맞지 않다며 에둘러 먼 길을 방황하고 있는 녀석이다. 조심스레 말을 걸어 보았다. 당연히 반발이 거세다. 재미있겠다, 보람되겠다, 좋은 경험이 되겠다고 동생들도 거든다. 녀석의 철옹성 같은 마음도 서서히 흔들리는 듯했다.

반나절 동안 고민하던 큰딸은 마음을 고쳐먹었다. 임용시험을 쳐 보겠단다. 그 한 마디에 그간의 쓰라린 마음이 눈 녹듯 사라졌다. 넌 잘 할 수 있어. 지금부터 준비하여 내년에 응시해보자. 나는 속엣말을 삼키며 녀석을 안고 토닥였다.

그러나 쇠뿔도 단김에 빼다고 딸은 그해 임용시험 응시 접수자에 이름을 올렸다. 시험 날짜까지 불과 한 달 보름 남짓이다. 턱없이 부족한 시간이다. 시험 동향을 알아볼 겸 응시해 보는 것은 좋지만 걱정이다. 준비 없이 갔다가 오히려 넘을 수 없는 벽처럼 느껴 지레 포기할까 봐서이다. 녀석은 마치 단기적 게임을 하듯 간절함으로 밤낮없이 공부에 몰입했다. 드디어 시험을 쳤다. 물론 답안지도 확인하지 않았다. 떨어질 게 빤하단다. 기대조차 못 하게 하고 다시 방 안에 틀어박혀 버렸다. 엄격한 집안의 맏이로 태어나 속앓이도 많았을 터이라 더 이상 언급하지 않았다.

착하고 속 깊은 큰딸은 중고등학교 입학식 때 대표로 단상에 올라가 선서나 답사를 하던 녀석이다. 그러나 대학생이 된 어느 순간부터 흥미를 잃어버렸다. 꿈과 현실의 괴리감이 컸던 모양이다. 좋은 선생님이 될 자신이 없다며 전공한 교직은 외면하고 말았다. 스스로 숨어들었다. 도피처는 커튼 내린 어둡고 좁은 방이다. 밤낮없이 게임에 몰두하였다. 어느 날 방송국에서 프로게이머로 정식 출전하라는 타진이 들어왔다. 그제야 녀석은 오랜 꿈에서 깨어난 듯 정신을 차렸다. 곧장 게임을 삭제하고 프로그램을 내렸다. 유명세를 타기보다 단지 정점을 찍고 싶었을 뿐이라고 했다. 다시 직업을 탐색하기 시작했다. 자신의 역동적인 성향, 이미 공무원이 된 친구들의 말을 참고하여 경찰공무원에 흥미를 보였다. 짐작하건대 녀석은 가지 않은 길에 대한 미련과 아련한 동경을 품기 시작했으리라.

임용 필기시험 합격자 발표일이다. 놀랍게도 운명의 여신은 딸의 손을 번쩍 들어주었다. 임용시험 1차 합격자 명단에 이름을 올린 것이다. 녀석의 가슴 벅찬 목소리를 잊을 수 없다. 2차 실기시험이 남았다. 사흘간의 대장정 실기시험과 면접, 오랜 기다림 끝에 당당히 최종 합격자 대열에 합류했다.

잠잠하던 집안은 온통 벌집 쑤셔놓은 듯 들떴다. 희망은 보이지 않고 행여 마찰이 일까 서로 긴장하던 분위기가 싹 달라졌다. 바라보는 눈길들이 한결 부드러워졌다. 말투가 다정해지고 웃음소리에 활기가 넘쳤다. 태풍이 지나간 가슴앓이가 흔적도 없이 고요했다. 새옹지마였다. 인생은 우리가 감히 예측할 수 없는 방향으로도 흐르고 있구나…. 오랜 움츠림을 헤치고 밖으로 나온 딸내미가 고맙고 대견하기만 하다.

큰딸, 결국 해냈구나. 장하다! 아이들 눈높이에서 바라보고 이해하는, 따뜻하고 능력 있는 선생님이 되길 빈다. 선배 선생님들께 깍듯이 예의를 갖추고 늘 겸손한 자세로 배워가길 바란다. 내 딸이자 까마득한 대학교 후배이기도 한 네가 비로소 제자리에 서게 되었구나. 발령은 조금 늦게 나겠지만 아무렴 어때. 시행착오를 거쳐 비로소 교직의 진가를 알게 되었고 대열에 합류할 기회가 주어졌는데 무엇이 문제인가. 잠자코 준비하면서 교단에 서게 될 그 날을 기다리면 되는구나.

딸아이의 분신과 같던 컴퓨터는 혼자 덩그러니 빈방을 지킨다. 주인은 이제 온라인이 아닌 오프라인에서 바삐 움직인다. 그간 무수히 화면을 바꿨을 것이다. 때로는 유쾌하게, 때로는 걱정스레 주인 표정을 살펴왔을 모니터가 더 이상 밉상이지 않다. 어느 순간 띄웠을 화면에서 딸이 영감을 얻고 용기를 얻었을 테니까. 녀석과 컴퓨터를 품어온 그 좁은 방은 어느새 앞이 탁 트인 넓은 마당으로 변해 있다.

큰딸은 오랜 방황 끝에 도외시했던 처음의 자리를 찾아갔다. 훌륭한 교장 교감 선생님과 동료 선생님들의 격려 속에 교사로서의 자질이 일취월장하고 있다. 어렴풋하지만 저만의 모양새도 보인다. 잠재된 끼와 집중력으로 교원 및 학부모 평가에서 올 만점을 받는 쾌거를 이루기도 했다.

미네르바의 부엉이는 황혼녘에 난다고 했던가. 인생 전체를 평가할 나이는 아니지만 황혼녘에 움직이는 큰딸에게 사랑담아 큰 박수를 보낸다.

괜찮아

화들짝 잠에서 깨어났다. 어슴푸레한 방엔 짙은 어둠이 군데군데 묻어있다. 자명종이 울리기엔 한참 이른 일요일 새벽 시간이다. 평소와 달리 곤한 잠에서 깨어난 이유를 더듬어본다.

잠결에 험한 꿈을 꾼 것은 아닌 듯하다. 큰 걱정거리를 안고 잠든 것도 아니다. 그럼에도 알 수 없는 불안감이 슬며시 올라온다. 가만히 누워서 어둠을 응시한다. 그때였다. 희미한 소리가 방문 틈새로 들어온다. 거실 쪽이다. 분명하지 않지만 짧은 말이 되풀이되고 있다. 인기척을 내면서 방문을 열었다. 갑자기 쏟아지는 불빛에 눈이 절로 감겼다. 중얼거림이 사라지나 싶더니 작은딸이 눈앞에 있다.

걱정이 되어 잠을 못 자겠다고 한다. 나 역시 근심에 휩싸였다. 왜 또 그러지? 마음을 다스리기가 그리 어렵나…. 그러고 보니 오늘이 그날이구나. 그랬다. 최근 들어 작은딸이 그토록 갈망하던 견진성사를 인근 큰 성당에서 받는 뜻깊은 날이다. 견진성사는 가톨릭교회의 중요한 성사 중 하나이다. 세례성사를 받은 신자에게 일정 기간이 지난 후 추가로 주는 성사로 신앙을 더욱 견고하게 다지고 성숙시키는 의식이며 주교님이 집전하신다. 이날을 위해 작은딸은 지난 몇 주간 여러 차례 견진교리 교육을 받아왔었다. 함께 있어 달라는 녀석의 요청에 나는 밤길을 달려가 재교육을 받게 되었지만 힘들다기보다 흐뭇하기만 했다.

호사다마랄까. 녀석이 흔들리고 있다. 성당에 못가겠다 한다. 그것도 간절히 바라던 견진성사 받는 날 아침에. 전날 밤 최종 교육을 받은 후 좌석 배정, 리허설까지 다 한 마당에 웬 날벼락이란 말인가.

주교님 앞에서 개개인이 말해야 하는 문답을 못할 것 같다고 한다. 너무 떨려서 정해진 짧은 답문조차 까먹을까 걱정된단다. 그것도 자리가 중앙 통로 왼쪽 맨 앞줄 좌석인데다 선두주자로 나가야 하니까 더 불안한 모양이다. 밤새 고민한 흔적이 역력하다. 눈밑이 거뭇해지고 입술이 바짝 말라 있다. 깊은 밤 거실에 홀로 서성이며 짧은 두 마디를 반복해서 되새김하고 있었던 것이다. '또한 사제의 영과 함께', '아멘!'을.

내 휴대폰에 저장된 둘째의 닉네임은 '작은딸 고마워!'이다. 단지, 그냥, 고마운 딸이다. 존재 자체가 고맙고 눈물겨운 자식이다. 드디어 대학생이 되었다고 팔랑거리며 꿈에 부풀던 시절도 잠시, 녀석은 갑자기 휴학을 선언했다. 학과가 마음에 들지 않는다고 했다. 남편과 나는 4년 동안 책가방만 들고 왔다 갔다 해도 된다고 손사래를 치며 만류했다. 그러나 고집을 꺾지 않았다. 진정한 자기 자신을 찾아보겠단다. 인생을 어떻게 살아야 하는지, 자신이 무엇을 좋아하며 어떤 것에 마음이 가고 추구하는지를 알아보겠다는 것이다. 녀석의 거창한 사유에 깐깐하기로 소문난 담당 교수도 기꺼이 휴학계를 내어주었다.

하지만 자기 인생을 찾아보겠다는 다부진 각오는 그리 오래가지 않았다. 휴학 후 여기저기 학원을 기웃거리기도 하고 원하는 업종의 기초 자격증을 몇 개 따기도 했다. 그러나 느슨하고 편안한 생활에 익숙해지면서 애초의 계획과 다짐은 옅어져갔다. 급기야 드넓은 바깥세상을 뒤로 한 채 작은 집 울타리 안으로, 자신의 내면으로 영역을 좁히며 깊이 침잠해버렸다.

녀석의 마음병은 오래 이어졌다. 어느 순간부터 참새 같던 재잘거림이 사라졌다. 누구와도 이야기를 섞지 않으려 했다. 좋아하던 간식 앞에서도 표정이 얼음장 같고 사소한 일에도 발끈하며 예민한 반응을 보였다. 잠도 쉽게 못 이뤘다. 나 역시 긴장되어 편히 잘 수가 없었다.

어느 깊은 밤, 숨죽인 흐느낌에 잠에서 깨어나 딸의 방으로 갔다. 어둠의 비밀을 담은 묵직하고 눅눅한 밤공기가 훅 얼굴을 덮쳤다. 젖은 눈으로 넋 놓고 앉아있던 녀석을 가만히 감싸 안아 다독였다. 얼마 후 나는 천직이라 여기던 직장에 미련 없이 명퇴서를 던졌다. 가족과 나의 건강한 삶이 먼저였다.

잘 버텨줘서 고맙다. 이후 나의 인생 시계는 작은딸을 우선순위에 올려둔 채 흐르고 있다. 엄마 손이 한창 필요하던 어린 시절에 못다 준 사랑을 성인이 된 이제야 주는 것 같아 미안하기도 하다. 손을 떨쳐내지 않고 묵묵히 따라와 주는 녀석이 고맙기만 하다. 언니와 남동생도 가운데인 둘째의 재기에 마음을 모았다. 모녀가 단짝이 되어 국내외 여행을 다니는 동안 녀석의 혼란스럽던 마음도 진정되고 일상생활에도 점점 활력이 되살아났다. 한때는 대기업 유통업체에 당당히 합격하여 아침부터 밤까지 정규직으로 일하기도 했다. 강아지 산책을 시키기도 하고 예쁜 원피스를 입기 위해 다이어트에 열중하기도 한다. 이제는 불편하거나 아픈 속내를 곧잘 쏟아내기도 한다. 내려놓았던 꿈 조각을 추스르면서 스스로의 한계를 딛고 노력하는 그저 이쁜 딸이다.

그런데 녀석이 다시 주춤하고 있다. 뒤로 물러서려 한다. 학창 시절 친구들 상담사 역할을 해주던 딸아이가 지금은 대중 앞에 나서는 것이 어색하고 두려운 모양이다. 많은 신자들 앞에서 실수할까 봐 불안해하고 있다는 걸 잘 안다. "괜찮아. 걱정하지 마. 너는 잘할 수 있어." 앞줄에 앉는 것은 큰 축복이고, 주교님께 가장 먼저 성유를 받는 것은 함축된 하느님의 은총을 한꺼번에 받는 감사한 일이다. 기도문은 너의 멘토이자 대모님이신 원장님이 함께 문답해 주신다고 다독였다. 드디어 작은 딸아이의 얼굴이 환하게 펴졌다. "엄마, 괜찮겠지? 다 잘 되겠지?" 성당에 갈지 말지 고민하던 녀석은 어느새 달려가 옷장 앞에서 서성이고 있다.

지난밤을 뜬눈으로 걱정하던 녀석은 견진성사 당일 복잡한 일정을 훌륭하게 잘 소화해냈다. 축하 인사와 꽃다발을 한아름 안겨준 대모님과 포즈를 취한 얼굴이 보름달처럼 환하다. 성취감과 함께 실수 없이 해냈다는 자신감으로 연분홍 장미꽃이 연신 피어올랐다. 함께 가는 길에 합류한 딸아이가 대견하기만 하다.

이후 녀석은 중단했던 공부를 다시 하여 기필코 학사학위를 받아냈고 사회복지사의 꿈을 이루기 위해 막바지 과정에 매진하고 있다. 착하고 공감 능력이 탁월한 작은딸, 좀 늦어도 괜찮아. 인생은 속도가 아니라 방향이라잖아. 이제부터 시작이야.

아들의 말

맹추위가 기승을 부리던 날이다. 그립던 아들이 휴가를 나왔다. 새해 벽두부터 실시된 최전방 혹한기 훈련을 마치고 받아낸 값진 휴가이다. 집에 들어서는 아들의 걸음이 유난히 의젓하고 기품있다. 막중한 임무를 성공적으로 수행한 군은 의지마저 돋보인다.

까까머리 훈련병으로 입소할 때가 엊그제 같다. 일병 때부터 달고 다니던 분대장의 초록 견장이 사라지고 어느새 군복에는 네 줄짜리 말년 병장 계급장이 혜성처럼 새겨졌다. 탄탄하게 다져진 체격에 빳빳이 다린 디지털 무늬 군복과 비스듬히 세운 검은색 베레모, 육중한 군화로 단장한 아들이 수송기에서 성큼성큼 내려오는 장면은 상상만 해도 자랑스럽다. 일반 병사로서 두 차례씩이나 군용 비행기를 타는 특전을 누렸다. 육군이 공군 군용기를 탄다는 것은 거의 꿈같은 이야기란다. 아들이 출중해서 받는 포상이라는 엄마의 호들갑에 다자녀 가정이고 이동 거리가 멀기 때문에 우선 발탁되었다고 손사래를 친다.

군복 대신 즐기던 평상복을 입으니 앳된 소년의 모습 그대로이다. 아들은 집안 곳곳을 누비고 다녔다. 오매불망 얼마나 그리웠던 집이었을까. 행동에 자유가 주어지니 저절로 콧노래가 새어나온다. 침대에 털썩 누워도 보고 일어나 몇 차례 스트레칭을 한 후 또다시 벌러덩 드러눕는다. 반려견 짱구와 장난치는 모습도 여전하다. 그러나 일상에서 나누는 말씨가 눈에 띄게 달라졌다. 툽상스레 떼쓰기보다 정중히 양해를 구하고, 감정을 스스럼없이 표현하면서 칭찬도 늘었다. 예를 들면, "컴퓨터 게임을 조금만 해도 될까요?", "베란다에 예쁜 꽃식물이 있었네.", "이제 보니 내 방이 엄청 넓구나.", "집밥이 이렇게 맛있는 줄 몰랐다." …. 무엇보다 이해심이 깊어진 아들이 기특하게 느껴졌다.

수필가로 등단한 제 어미의 일상에도 관심이 많다. 필력에 대해서도 언급한다. 존경스럽다면서도 책을 가까이하지 않으니 노력이 부족한 것 아니냐며 슬쩍 짚고 넘어간다. 건강이 예전 같지 않고 삶이 힘에 부친다는 말은 억눌린 감정을 엉뚱한 곳에 떠넘기려는 핑계에 불과하단다. 심리학 용어로 '투사'라는 방어기제를 쓰고 있다는 뜻이다. '타인'과 '과거'는 바꿀 수 없으니 연연해하지 말고 현재의 자신을 잘 보살피는 것이 중요하다고 했다. 어떻게 하면 행복해질 것인지를 스스로에게서 찾으라고 한다. 감정에 휘둘리지 말고 이성적으로 생각하여 행동으로 옮기라는 일침을 가한다. 맞는 말이지만 어린 녀석이 나의 약점을 꿰뚫고 생활 방식마저 지휘하려드니 은근히 괘씸하기도 했다.

심리학 박사과정을 포기한 엄마가 안쓰러운지 아들은 내 마음 깊은 곳에 묻어둔 꿈을 자극한다. 나아가 자신의 희망도 내비친다. 복학하면 세계 석학들의 심리학 이론서를 섭렵하고, 여건이 된다면 유학이라도 가서 그 강의를 듣고 싶다고 한다. 자신의 강점을 찾아 노력하고 가족의 꿈도 이루어지도록 도와주겠단다. 꿈이라는 말만 들어도 뿌연 안개가 걷히듯 가슴이 쿵쿵 뛴다.

"엄마, 아빠 죄송합니다."

저녁상을 물린 아들이 진지하게 입을 열었다. 죄송하다니…. 태연한 척했으나 속으로는 흠칫 놀랐다. 착하디착한 아들인지라 이어질 말에 귀를 바짝 세웠다. 군대는 전국 각지에서 국가의 부름을 받은 청춘들이 오로지 국방을 위해 한 몸 바쳐 헌신하는 곳이다. 일면식도 없는 젊은이들이 개인의 존엄보다 단체의 의무를 중요시하고 규율에 따라 일사불란하게 움직여야 한다. 피 끓는 청춘들이 자신의 끼와 자유를 저당잡혔으니 툭 건드리면 터질 일촉즉발의 위기는 늘 도사리고 있는 셈이다.

남편과 나는 불덩이도 삼킬 기세로 잔뜩 긴장하였다. 훈련이 가혹한지, 언어나 신체 폭력이 있었는지, 상관 혹은 생활관 식구들과의 트러블이 있는지, 아니면 자기 내면의 문제로 트라우마를 겪는지 직접 듣지 않고서는 알 수 없는 부분이다. 뜸직뜸직 말하는 아들의 얼굴을 뚫어지라 살폈다. 죄송하다며 머리를 주억거리는데 어쩐지 표정은 맑고 편안하다.

상상을 초월하는 이유를 듣고서야 우리는 움츠린 미간을 펼 수 있었다. 낳아서 지금까지 길러준 부모에게서 배운 것보다 군에 입대해서 배운 것이 더 많다는 걸 자각하고 그것을 고백하는 것이 자식으로서 죄송하단다. 고난을 통해 많은 부분을 스스로 깨우치기도 하고, 상관의 칭찬과 신뢰로 자존감이 높아졌단다. 동기나 선후임의 도움을 받으면서 군대의 모든 인연에 고마움이 크다는데 어느 부모가 마다하겠는가. 죄송하기는커녕 오히려 고개 숙여야 할 일이다.

아들이 속 깊은 녀석이라는 건 익히 알고 있었지만 자신의 감정을 표현하는 데는 터부시하는 경향이 있었다. 그래서 무턱대고 대화를 시도하기에는 조심스러운 면이 있기도 했다. 그러나 타향에서의 서러운 군 복무가 아들로 하여금 자신의 존재와 내면을 깊숙이 들여다보게 한 것 같다. 위험한 전방에서 신체를 혹독하게 단련하면서도 마음의 근육까지 키우며 굳건히 버텨온 것 같다.

더욱 대견스러운 것은 군대라는 사회생활을 통해 삶을 배우고 깨우친 점이다. 병장이 된 이 시점에서 되돌아본 것은 자신의 무용담이나 단체생활의 억울함과 군의 부당함이 아니었다. 생사고락을 함께한 전우들과 부대끼고 책임감이 투철한 상관들을 만나 배우면서 사나이의 깊은 정과 고마움을 느낀다는 것이다. 불평과 비난을 하려면 오죽 많겠나만 긍정적인 부분을 더 오래 주시해온 듯하다. 답답해하던 집이 가장 아늑한 보금자리임을, 기성세대가 일군 번영과 사회질서가 새삼 대단하다고 느꼈단다. 이는 군 생활 전선에 문제가 없다는 것을 내비치며 부모의 걱정을 덜어주려는 속 깊은 뜻도 담겼으리라.

"아들아, 너에게 집은 몸과 마음이 자라는 곳이다. 삶에 필요한 지식과 지혜는 네가 속한 사회생활을 통해 배우는 것이 당연하다. 죄송할 것 없으니 열심히 배워라."

아빠의 덕담에 아들이 움찔한다. 수십 년 전 전방에서 군 복무를 한 남편은 연신 아들의 등을 쓸어내린다. 창밖의 달빛이 오늘따라 더욱 부드럽다.

동행

연초록 잎사귀가 생경스럽다. 돌돌 말린 여린 잎을 가장자리부터 펼쳐내었다. 전날까지만 해도 짜리몽땅한 잎자루에 불과했다. 물이 담긴 동글납작한 유리 수반이 밤새 또 하나의 잎을 탄생시켰나 보다.

세필처럼 길쭉한 새 잎사귀가 투명한 이슬방울을 매달고 있다. 산통의 눈물인지 온몸을 비틀어 고개를 내밀 때 생긴 땀방울인지, 마주하는 세상에 대한 감격의 눈물인지 알 수 없다. 쌀을 씻다 말고 수반의 물을 갈아준다. 새로운 생명을 생산하느라 저도 몹시 고단하였을 터이다.

물기 머금은 스킨답서스의 줄기가 개음죽 기둥에서 안도의 숨을 내쉰다. 어린 잎사귀를 품어 더욱 풍성해진 초록 풍경이 휑한 주방에 생기를 더한다. 피로한 집안일로 활력을 얻고자 눈길이 자주 가는 실내 선반에 올려두었다. 잎이 두툼하여 잘 시들지 않고 줄기를 쭉쭉 뻗는 스킨답서스를 나는 '초록이'라고 부른다. 그것은 내가 '꼬장꼬장이'라 명명한 개음죽을 버팀목 삼아 똬리치며 몸집을 불려나간다. 옆도 뒤도 외면한 채 위로만 꼿꼿이 자라는 개음죽은 앙상하여 볼품없는 몸매를 가려줄 풍성한 잎새가 필요했다. 그렇게 둘은 기둥이 되고 품이 되면서 몇 년째 한솥밥 먹는 식구가 되었다. 실낱 뿌리들이 물기를 머금고 자리를 잡는다. 새 생명 앞에서 두 어머니의 고단한 삶이 겹쳐진다.

내의를 고른다. 시어머니가 즐기는 은은한 꽃무늬를 선택한다. 촉감이 부드럽고 신축성도 좋다. 천은 얇은데 보온성이 탁월하다는 점원의 말이 반갑다. 여름 끝자락에 겨울 내의를 산다. 추위를 많이 타는 어머니를 위해 미리 준비하였다. 다음 코스는 제과점이다. 낱개 포장된 빵과 롤케이크를 산다. 마지막으로, 미역국을 포장했다. 양손에 들린 두툼한 가방들을 보노라니 마음이 짠해온다. 지난해까지만 해도 내 손으로 생신 밥상을 차려 드렸었다. 올해는 생신 하루 전날 요양병원에서 생신을 맞으신다.

초기였던 치매는 날이 갈수록 진행 속도가 빨라졌다. 이제는 노년에 한식구로 살아온 며느리가 누구인지 잘 모른다. 손주들뿐만 아니라 그렇게 걱정하던 당신 자식들의 존재도 가뭇하다. 그나마 우리집 아이들 이름만 간신히 기억하는 정도이다. 이번에는 침상에 반듯하게 누워 꼼짝을 못한다. 방문할 때마다 편안히 앉아 TV를 보거나 병실을 걸어 다니던 분이다. 며칠 전 화장실에서 낙상을 당하여 꼬리뼈에 금이 갔단다. 자세한 사고 경위를 알고 싶었으나 병원에서는 더 이상 말을 하지 않았다. 새잎을 틔우느라 이슬 머금은 초록이와 달리 어머니는 처음 당하는 고통에 마냥 눈이 젖어 있다.

준비해간 밥과 미역국을 떠먹여드렸다. 상체를 약간만 세우는데도 고통스러워한다. 고개를 옆으로 돌려 천천히 드시게 했다. 오물거려 삼키는데도 틀니는 부딪히고 입가로 흘러내리고 이마 위에는 땀방울이 송골송골하다. 간호사를 도와 소변을 빼내고 기저귀를 갈았다. 예전에 당당하시던 모습은 온데간데없다. 고맙다고 한다. 자주 오라고도 한다. 처연한 눈에는 서글픔이 맺힌다. 그래도 준비해간 빵을 나눠주라며 같은 처지의 식구라고 병실 어르신들을 챙긴다.

긴장감이 흐른다. 말없이 컴퓨터 화면만 뚫어지라 쳐다보는 친정어머니의 얼굴에는 비장한 각오마저 비친다. 무거운 침묵은 법정에 선 죄인마냥 가슴을 떨게 한다. 진료실 의자에 앉은 엄마를 감싸며 손을 쓰다듬었다. 야윈 손등에는 세월의 무게를 가늠하듯 검버섯과 함께 허리디스크, 다리 관절염, 어깨 회전근개파열 치료를 위해 맞은 주사로 거뭇한 멍자국들이 먹물처럼 번져 있다.

마침내 비뇨기과 의사가 침묵을 깨고 MRI 촬영 건에 대해 판정 소견을 내렸다. 왼쪽 콩팥에 있는 물혹이 의심스럽단다. 양성을 넘어선 것 같은데 악성일 확률 또한 반반이라고 한다. 치료 과정에 대한 설명이 이어졌다. 단순 물혹이면 지켜봐도 되지만 악성인 경우에는 수술로 제거해야 한다. 악성 여부는 수술을 통해 조직검사를 해야 알 수 있다. 연세가 많다고 물혹이 자라지 않거나 전이가 더딜 것이라는 속설은 믿을 수 없단다. 딸자식인 내 가슴이 이토록 미어지는데, 양호하지 않다는 결과를 들어야 하는 노모로서는 얼마나 마음이 심란하실까.

정체를 알 수 없는 시한폭탄을 안고 살아갈 수는 없는 법. 수술하자고 노모를 설득시켰다. 동행한 올케언니와 작은딸도 거들었다. 두 오라버니께도 내용을 알리고 뜻을 모았다. 개음죽처럼 단단하던 어머니도 흔들렸다. 수술을 위한 건강검진에 곧장 착수하게 되었다.

어린 우리 아이들을 귀여워하시던 초로의 두 어머니 모습이 선하다. 지금은 군 복무 중인 막내가 초등학교에 입학하던 해였다. 첫 방학을 맞이한 아들과 중학생이 된 두 딸을 데리고 일본 여행을 갔다. 모처럼 친정 식구들과 함께하는 가족여행이다. 남편은 회사일로 못 가고 대신 함께 살던 시어머니를 모시고 갔다. 내가 직장생활을 하던 시절이라 시어머니와 친정어머니는 육아 문제로 우리 집에서 자주 만나오셨다. 시어머니가 세 살 위이고 두 분이 친하셔서 함께 모셨는데 첫날부터 달랐다.

시어머니는 부산에서 일본으로 항해하는 여객선 내부를 둘러보며 떠들썩하게 감탄하고 분위기를 띄우는 반면, 친정어머니는 지정된 좌석에 꼿꼿하게 앉아 묵주를 돌리며 모두의 무사귀환을 기원했다. 아무렇지 않게 술과 음식을 권하는 시어머니와 그것을 끝까지 거부하는 친정어머니 사이에서 큰오빠 부부와 내가 중재 역할을 하느라 진땀을 빼기도 했다.

잎새 끝에 매달린 이슬방울이 두 어머니의 눈물 같다. 여린 잎사귀가 고난의 터널을 뚫고 나온 희망의 눈물이라면, 두 어머니의 눈물은 지나온 삶의 회한과 이별에 대한 두려움이리라. 며칠 사이로 중환자 대열로 접어드는 두 어른의 운명이 허망하게만 느껴진다. 전설이 되어버린 일본 여행 때만 하여도 '꼬장꼬장이'와 '초록이'처럼 서로 기대고 보듬던 사돈지간이었다. 두 분의 행복한 동행이 재개될 날이 올 수 있을까.

식물 화분에 물을 준다. 물수건으로 초록 잎사귀를 닦는다. 작은 손길에도 크고 작은 잎사귀들이 반지르르 윤기를 입는다. 수술을 앞둔 친정어머니와 낙상으로 누운 시어머니도 신의 손길이 닿아 마른 손등에 온기가 흐르기를 기원한다.

낙동강이 생의 물꼬를 틔워주다

낙동강은 언제나 푸르게 흘렀다. 초임지는 내 고향에서 그리 멀지 않았다. 부산에 생활 터전을 두고 있기에 굳이 주소지인 김해를 고려하지 않아도 되는데, 고향에 근접한 낙동강 끝자락에 발령이 났다. 생각하면 행운이었다. 공항버스를 갈아타고 출퇴근을 했다. 하루 두 차례 구포대교를 넘나들면서 강바람을 맞았다.

아이들은 강을 끼고 살았다. 달력의 빨간 날인 일요일이나 공휴일에 여교사들이 순번대로 당직을 서며 학교를 지켰다. 그날 점심시간이다가오면 담임의 뒷배를 믿고 반 아이들이 하나둘 교무실로 모여들었다. 담임이 시켜준 우동이나 자장면을 한바탕 시끌벅적 요란하게 먹고는 잠시 해산했다가 퇴청 때가 되면 누가 먼저랄 것도 없이 달려와 팔을 붙잡고 강변으로 이끌었다.

지금도 역시 옛 기억을 되살려주는 곳은 낙동강 변이다. 고즈넉한 평화가 새롭다. 길게 뻗친 습지대 위 무성한 물풀 사이로 노을빛을 받아 희붉게 물든 백로가 긴 목을 주억거리며 큰 걸음을 옮긴다. 대교 기둥에는 이미 여러 대의 자전거가 기대어져 있다. 축구공과 피구공도 보인다. 마음껏 소리치며 한바탕 신명나는 강변 놀이판이 벌어졌으리라.

영남권의 젖줄이자 나라를 대표하는 칠백 리 낙동강은 사람을 살리고 만물이 제구실을 하도록 물꼬를 튼다. 이곳 하류에서 빚어낸 넓고 편평한 공터는 생태 체험장이 되고 천연 놀이터가 된다. 시시비비 따지지 않고 유유히 흐르는 낙동강 물을 닮아서인지 아이들의 마음 씀씀이는 부드럽고 행동에는 느긋함이 있다. 웬만해선 화내는 법이 없고 이해심도 깊다. 낙동강은 일상에 지친 어른들에게 쉼터가 되고 철따라 깃을 내리는 새들의 보금자리가 되어준다.

다리 위에서 양옆으로 길게 누운 낙동강을 보노라면 돌아가신 아버지의 고단한 인생이 겹쳐진다. 아버지는 작은 삽 한 자루로 낙동강 물을 수없이 퍼 올렸다. 강 언저리의 모래를 건져 올려 낡은 손수레에 담았다. 수레 나무 밑장 사이로 물기는 빠져나가고 모래가 조금씩 쌓였다. 허망한 세월을 건지듯 아버지는 모래를 한 올 한 올 낚아 올렸다. 예전의 당신은 전문직에 버금가는 화이트칼라 직장인이었고 장래가 촉망되던 젊은이였다. 그러나 야속한 세월에 영국 신사 같은 말쑥한 차림과 당당했던 표정은 흔적조차 없다. 거듭되는 실패로 얻은 마음병만큼이나 너덜해진 옷을 입고 구부러진 등으로 삽을 들었다. 십릿길을 걸어 퍼온 낙동강 변의 모래에다 종잣돈으로 구입한 시멘트를 섞어서 얼기설기 빚은 나무틀에 부어 블록을 만들었다. 삼 년에 걸쳐 빚어낸 낙동강 블록들은 우리 집의 울퉁불퉁한 벽이 되고 튼튼한 울타리가 되었다.

십여 년 전 지역을 강타한 태풍에 아버지의 땀방울로 완성된 부엌 딸린 방과 농기구를 보관하던 헛간은 무너졌지만, 장독대를 감싼 담벼락엔 아직도 아버지의 투박한 손길이 남아있다. 틈나면 자식들에게 영어와 한자를 가르쳐주시고 뜨거운 밥에 날계란을 넣어 비벼서 고루 나눠주시던 아버지가 그립다. 아버지에게 낙동강은 치유의 강이고 가족을 위한 가장으로서의 마지막 자존심을 세워주던 곳이었다. 비단 나의 아버지뿐이겠는가. 강물 범람의 위험 따윈 아랑곳하지 않고 가족을 먹여 살리고자 꿋꿋이 씨를 뿌리고 가꾸는 가장들의 터전이기도 하다. 말갛게 흐르는 낙동강에서 잡아 올린 물고기를 쪽배에 싣고 강기슭을 돌아 집으로 향하는 어부에게는 만선의 기쁨 이상이리라.

그렇게 비가 오나 눈이 오나 노심초사 애태우며 종종걸음으로 일구어낸 농작물이다. “와~고구마다!” ‘쿵’ 소리의 정체를 궁금해하던 나와는 달리 한 녀석이 잽싸게 복도를 내다보며 지르는 함성이었다. 잰걸음으로 뛰어나갔다. 희끄무레한 자루가 먼저 눈에 들어왔다. 올이 풀린 채 묶인 자루의 입 사이로 정말 고구마가 삐죽삐죽 나와 있었다. 비로소 머리에 이고 왔던 큼직한 자루를 던지듯 내려놓고 뒤에 쪼그려 앉아 쉬시는 할머니가 보였다.

“선상님요, 지난번에 우리 손주 체육복 사줘서 정말 고마웠수. 내가 고구마를 좀 캐왔응께 함 잡숴보셔.”

극구 사양하는 것도 예의가 아닌 것 같아 학교에서 처리하기로 결정했다. 각 학급으로 배분하여 전교생이 삶은 고구마를 맛보게 하였다. 아이 할머니의 정성과 낙동강 물이 햇빛을 끌어 빚어낸 고구마는 맛이 일품이었다. 그때의 고구마는 단순한 고구마를 넘어 교사로서의 사명감과 내 인생을 곧추세우는 또 하나의 주춧돌이 되고 물꼬가 되었다.

낙동강은 수많은 사연을 간직한 채 지금도 유유히 흐른다. 강물의 깊은 속은 흙탕물도 품어 안고 굽이굽이 흘려보내 또 다른 생명수로 거듭나게 한다. 인생 또한 매듭 없는 강물처럼 흐르도록 너그러워질 필요가 있겠다. 나의 인생이든 타인의 인생이든. 필요하면 스스로 정화하고 물줄기를 바꾸기도 할 테니까.

험한 세상 다리가 되어

차량 운전석에 앉으면 카오디오부터 확인한다. 흘러간 팝송 중 최근 들어 더욱 애착이 가는 곡을 듣기 위해서이다. 그것은 20세기 최고의 포크 듀오라고 평가받는 전설적인 그룹 사이먼 앤 가펑클의 '험한 세상 다리가 되어Bridge Over Troubled Water'이다. 폴 사이먼과 아트 가펑클의 아름다운 화음은 모진 세상사를 풀어내는 가사와 대비되는 부드럽고 따뜻한 힘을 가지고 있다. 애틋한 마음을 담은 목소리가 긴 박자의 말미에서 끊어질 듯 가냘프게 떨리면 무심하던 마음에도 물결이

일렁인다.

그런데 어느 날부터 가수의 목소리보다 배경음악에 더 귀를 기울이게 되었다. 특히 간주 말미가 되면 신경이 곤두선다. 멜로디를 주도하던 피아노의 잔잔한 선율은 갑자기 던지는 드럼의 강력한 한 방에 깊이를 더하게 된다. 수면 위를 노닐듯 애잔하게 이어지는 노래와 달리 드럼은 심해의 동굴 속을 울리듯 낮고 굵직한 펀치로 잠재된 무의식까지 흔들어댄다. 가슴이 두근거릴 즈음 비트는 가볍게 빨라져 휘몰아치듯 음악을 이끌어간다. 심장을 다시 뛰게 만드는 중량감 있는 드럼의 매력에 푹 빠져들 수밖에 없다.

불후의 오페라 카르멘을 작곡한 조르주 비제 작품 중에 미뉴에트 '아를르의 여인'이 있다. 입속을 맴돌던 그 곡이 너무 좋아 플루트를 배웠다. 드디어 대망의 그 곡을 연주하게 되었을 때 스스로 감격하던 기억이 난다. 음악에 입문하면서 멜로디를 주도하는 악기가 좋았다. 대학교 다닐 때도 훗날 직업에 꼭 필요한 피아노보다 화려한 음색의 바이올린에 더 열중했다. 그러나 4학년 졸업반 오케스트라에서 오르간 알토 파트를 맡으면서 생각이 달라졌다. 주가 되는 멜로디에 가려 눈에 띄지 않지만 박자에 맞춰 쿵쿵 울려주는 굵직한 저음 파트가 얼마나 음악을 안정되고 풍요롭게 하는지를 알게 되었기 때문이다.

친정 식구들이 또다시 한자리에 모였다. 사는 게 바빠 얼굴 보기도 힘들었는데 지금은 아기 엄마가 된 조카의 신랑감을 소개하던 자리가 모임의 물꼬가 된 셈이다. 당시 우리 사 남매 중 측은지심이 많고 동생들 뒷바라지며 집안의 맏이 역할을 톡톡히 해낸 언니의 유쾌한 너스레가 떠오른다. "날은 어두워지는데 동생 너그들이 안와서 엄청 걱정했었지. 근데 알고 보니 장사하러 간 엄마를 기다린다고 모두 기차역에 가 있었더라."는 말에 오빠들과 나는 웃으며 "진짜 걱정했나?", "일꾼을 찾은 건 아니었고?", "맏이라서 진짜 고생했다."며 추억을 더듬었다. 가난한 시절을 함께 넘어온 옛이야기는 끝없이 이어졌다.

호텔 기억이 가물가물한 친정어머니를 모시고 두 오라버니 식구들과 해운대에서 1박을 했다. 노모가 대학병원에서 또 다른 검진을 해두었기에 결과가 좋지 않을까 봐 침울한 분위기였지만 모두 애써 미소를 지었다. 짐을 풀고 저녁 식사를 위해 먹자골목을 찾았다. 태풍이 지나간 뒤라 시장은 복구 작업으로 우리 마음마냥 온통 어수선했다. 올케언니들이 앞장서 식당을 물색했다. 두 오라버니는 어머니가 탄 휠체어를 번갈아 밀면서 따라 붙였다. 겨우 영업을 개시한 장어구이집에 자리 잡았다. 기다림에 지칠 무렵 식당 아주머니의 경쾌한 한마디가 분위기를 싹 바꿨다. 친정어머니를 향해 "엄마가 빠진 데 없이 참 미인이시네~"

때를 놓칠세라 올케언니들도 함께 추켜세우니 잘 웃지 않는 어머니의 얼굴에 웃음꽃이 번졌다. 어머니가 파안대소하는 모습을 거의 본적이 없다. 참 고왔던 어머니다. 유년시절, 고등교육을 받으신 외할아버지 영향으로 문화생활을 누리던 어머니에겐 내 아버지를 대신하는 가장으로서의 삶의 무게가 그만큼 육중했던 탓이리라. 빈틈없고 꼿꼿하던 성정은 나이와 더불어 무디어지고 자식들 뒷바라지를 위해 발품팔아 장사하시던 두 다리는 더 이상 똑바로 서기 어렵다. 휘어진 자세를 뵐 때마다 가슴이 아리다. 어머니를 기쁘게 해주신 그 말이 너무 고마웠다.

눈을 돌려 오라버니들을 바라보니 만감이 교차한다. 성우 목소리와 글재주를 덮고 수공업을 운영하는 큰오라버니는 불철주야 바쁘다. 새로운 거래처를 물색해야 하고 영업과 주문, 배달하기에도 바쁜데 원단까지 뜨러 직접 도매시장을 다녀야 한다. 장남이라는 책임감으로 어머니가 편찮으시면 열 일을 제쳐두고 병원에 모셔가는 효자이다. 암울했던 시절, 개구쟁이처럼 명랑하고 사회성이 좋아 따랐던 큰오빠의 얼굴에도 어느새 굵은 주름이 새겨져 마음이 아리다. 조각 외모에 선비 같던 작은 오라버니 역시 고등학교 영어 교사로 재직하면서 틈틈이 어머니께 전화로 안부를 묻고 자상하게 응대한다. 어머니가 탈 휠체어를 빌리느라 동분서주하고 고향 집 담벼락에 꽃나무를 심어 미소를 짓게 했다. 시계추처럼 학교와 집만 오가는 샌님인 줄 알았는데 요즘 사진 찍기와 글 쓰는 재미에 푹 빠진 것 같다.

두 오라버니가 건재할 수 있는 것은 무엇보다 올케언니들의 뒷바라지 덕분이다. 대학 시절 의상학과 학생들이 모델로 섭외할 만큼 외모가 훤칠했던 큰올케는 어느새 손자를 품에 안은 초로의 할머니가 되었다. 맏며느리 역할에다 두 팔 걷고 큰오라버니 회사일 돕느라 전직 간호사는 더욱 야위었다. 고운 자태로 피아노 강사를 하던 작은올케 역시 세월을 비켜 갈 수 없나 보다. 희고 가녀리던 손마디가 굵고 거칠어졌다. 젊은 날 서로 엇비슷한 나이에 올케와 시누로 만난 우리들은 때때로 시댁과 친정이라는 입장 차이로 갈등도 있었다. 그러나 이제 세월에 익어 가족이라는 공동체 의식으로 똘똘 뭉치고 있다. 조카들을 낳아 반듯하게 키우고 험난한 시집살이를 잘 버텨준 올케들이 고맙고 고맙다. 사이먼 앤 가펑클의 노래가 가족의 따스한 위로처럼 다가온다.

> 네가 너무 힘들고 초라할 때/ 네 눈에 눈물이 고일 때/ 내가 닦아줄게// 힘들고 어려울 때/ 친구가 없을 때도/ 나는 늘 너의 편/ 험한 세상을 건너는 / 다리가 되어줄게.

가족은 늘 험한 세상을 건너는 다리처럼 든든하고 푸근하다. 오케스트라의 베이스나 드럼처럼 겉으로 화려하게 드러나지는 않지만, 자기가 낼 수 있는 깊고 그윽한 음색으로 사람을 편안히 어루만지는 휴식처가 친정이다. 예나 지금이나.

제2부

결을 만지다

놓아라

어느덧 일 년이 지났다. 왕복 반나절 거리를 비가 오나 눈이 오나 일주일에 세 차례씩 앞만 주시하며 달려온 시간들이다. 특별한 연고가 없었기에 의령은 난생처음 방문한 고장이었다. 이제는 고향 마을처럼 친숙해져 오일장이 열리면 시장도 보고 인사말도 건네며 읍내 샛길도 곧잘 돌아서 나오게 되었다.

남해고속도로에서 군북 인터체인지로 빠져나온다. 함마대로와 의령대로를 타고 의령읍을 지나 면 소재지인 가례로로 접어든다. 퇴계

선생이 이곳 처가 동네 산기슭 바위에 '서암書岩'이라는 글을 썼다는 저수지가 가로수 사이 사이로 설핏 보일 즈음에는 창을 내리고 속도를 줄인다. 자굴산 자락의 하얀 암반과 단풍나무 산새를 고스란히 비추는 호수의 잔물결을 느끼고, 곧 펼쳐질 숲길을 느긋하게 마주하기 위해서이다.

그 길은 호젓한 평원을 가로지르는 곡선 농로의 끝자락에서 시작되는 직선코스이다. 곧게 뻗은 좁은 길을 사이에 두고 한쪽은 수십 그루의 벚나무가 어깨를 부딪고, 맞은편은 잘 다듬어진 잣나무가 높다랗게 줄지어 골 깊은 터널을 이룬다. 뾰족하거나 둥근 잎사귀가 연갈색으로 엇비슷한 지금도 좋지만 흰색 벚꽃과 초록 솔잎이 극명하게 대립하는 이른 봄날에는 숨이 막힐 정도이다. 가히 의령의 명품 드라이브 코스로 손색이 없다. 불현듯 며칠 전 일이 겹쳐진다.

주부로서 하루를 갈무리하는 일과는 저녁 밥상 차리기이다. 된장찌개 한 가지만 장만하면 되는데도 그날만큼은 손끝 하나 까딱하기 싫었다. 영업사원도 아닌 평범한 주부가 고속도로를 진종일 운전하며 신경을 곤두세우다 보니 버티는 데도 한계가 있었나 보다. 하루 동안 시외를 세 군데 방문했다. 이른 아침을 먹고 고속도로를 달려 마산에 갔다. 볼일을 마치고 의령으로 방향을 틀었다. 운전 중 잡다한 건수로 전화벨이 연신 울리곤 했다. 결코 가볍지 않은 통화 내용에 정면을 주시하며 정신을 곧추세우느라 기운이 바닥날 지경이었다.

친정어머니가 몸이 좋지 않아 링거액을 맞았단다. 식사를 못하시기에 마치고 들러야 했다. 시어머니가 계신 요양병원에 인근 성당의 신부님이 방문 기도를 오신다고 한다. 첫 방문인데 보호자로서 자리를 지키지 못하는 송구함을 전한다. 큰딸은 직장에 서류를 제출해야 한다며 절차와 방법을 물어온다. 기본 내용을 숙지하고 진정성과 예의를 갖추라고 했다. 아들은 택배 온 것을 군부대로 보내달라고 부탁한다. 은행에서 대출이자 미납으로 독촉한다. 다음날 입금하겠다고 약속한다. 통화를 끝내고 보니 뒷좌석에 앉은 작은딸이 소리죽여 흐느끼고 있다. 저 역시 복잡한 마음이리라. 백미러로 딸의 표정을 살피며 흔들리는 마음을 운전대에 몰아넣는다.

동양의학에서 말하는 '기'가 약한 작은딸을 위해 의령을 찾게 되었다. 기 수련 및 기 치료의 대가로 입소문이 난 도인 덕분에 조금씩 호전되고 있다. 의기소침하고 무기력증에 빠져 있던 작은애가 점차 눈을 빛내며 자신을 추스르는 모습은 감사함 그 자체이다. 녀석을 데리고 마산 병원을 거쳐 의령 기 수련원으로 가는 도중인데 까닭도 없이 또 훌쩍이고 있었다. 눈길을 주면 타박이 돌아오기에 답답한 마음으로 차창을 내렸다. 나에게는 치유의 숲으로 와 닿는 잣나무 길을 때마침 만나서 혼란스러운 마음을 씻고 간 것이다. 바싹 말라 더욱 뾰족해진 나무 잎사귀가 길쭉한 빗물처럼 앞 유리에 우수수 떨어졌다. 내 마음도 따라 젖어들었다.

의령에서 기 수련과 상담을 받고 김해로 달려갔다. 거동이 불편한 친정어머니를 모시고 인근 식당에 갔다. 죽부터 시작하여 부드러운 돼지고기 목살까지 시켰다. 딸이 얹어주는 고기를 마다하지 않고 드시는 것만도 다행이다. 어머니를 모시고 마트에서 시장을 봐서 냉장고에 채워드렸다. 장롱 밑바닥에 보관 중인 오래된 사진첩을 꺼내 보며 작은애와 유쾌하게 웃기도 하고 눈시울을 붉히기도 했다. 땅거미가 질 무렵 부산으로 돌아와서는 남편의 남방 치수를 바꾸기 위해 백화점을 들렀다.

그날 밤, 풀어진 다리를 끌다시피 움직여 늦은 식탁을 차렸다. 배속은 텅 비었는데 어떤 것도 먹고 싶지가 않았다. 입안이 껄끄러우니 밥알이 모래알 같다. 수저를 내려놓고 식구들이 밥 먹는 모습을 지켜만 보았다. 남편은 자신이 먹던 밥그릇을 나에게 불쑥 내민다. 밥알이 두서넛 붙어 있는 빈 밥그릇이다. 힘이 없으니 본인이 더 떠서 먹으라고 해도 계속 밥그릇을 준다. 들어보란다. 온종일 운전과 보살핌, 상담과 생활로 지쳐있는 사람에게 묵직한 도자기 밥사발을 들라고 하니 기가 막혔다.

강요에 못 이겨 인상을 구기며 밥그릇을 들었다. 당연히 무거웠다. 이제는 놓으라고 한다.

"그렇게 놓고 살아라. 들고 있으면 무겁잖아."

자식이고 며느리이고 엄마니까 어깨가 무겁겠지만 밤이 되면 낮의 고통은 내려놓고 살자고 남편이 다독였다.

투박스럽지만 마음을 실은 남편의 말이 떠오르자 살풋 입꼬리가 올라가고 앞이 환해진다. 서암 저수지가 하늘빛과 주변 풍경을 잔잔히 되비쳐주듯 내 애타는 마음을 고스란히 읽어주는 이 있어 큰 힘이 된다. 그래, 이제부터 무엇이든 조금씩 내려놓고 살아보자. 허리가 펴지고 운전대가 가볍다.

사춘기, 그게 뭐였죠?

텔레비전은 물론 라디오조차 귀하던 시절이었다. 시골은 더했다. 그러나 중요한 발표를 들어야 해서 어렵게 헌 라디오를 구했다. 고등학교 합격자를 발표하는 날이었다. 아침부터 얼마나 가슴을 졸였는지 수험번호를 적은 쪽지는 손안에서 땀으로 범벅이 되었다. 합격 여부에 따라 인생 항로가 달라지기 때문이다.

드디어 '뚜 뚜 뚜우' 신호음이 정각을 알렸다. 남자 아나운서가 비장한 목소리로 합격자 수험번호를 또박또박 불러 내려갔다. 내 번호가 가까워지자 너무 긴장하여 결정적인 순간은 제대로 듣지도 못했다. 주변에서 합격이 맞다고 확인시켜줬다. 여고생이 된다니, 간절한 기도가 이루어지다니, 꿈만 같았다. 그 시절 가난한 아이들이 종종 그러하듯, 나 역시 중졸을 끝으로 방직공장에 취직해야 할 운명이었다.

어린 여중생은 남모르게 고등학교 진학이라는 큰 뜻을 품게 되었다. 순리대로 주저앉으면 가난은 대물림되고 인생도 허무해질 것을 예감했다. 홀로 학비 마련을 위해 발버둥을 쳤다. 쑥과 나물을 한 자루씩 캐서 내다팔기도 했지만 수중에 던져지는 동전은 몇 푼 되지 않았다. 그러나 공부를 잘하여 상위권에 들면 육성회비도 면제받을 수 있고 장학금도 받을 수 있다는 말에 귀가 솔깃해졌다. 입학금이 없어 상급학교에 진학하지 못할까 봐 공부에 매진할 수밖에 없었다.

나의 관심사는 명문 학교 여부가 아니라 오로지 여고생이 되는 길뿐이었다. 영문도 모른 채 학교에서 추천하는 고등학교에 시험을 쳤다. 그 학교가 인재육성을 위해 시도에서 지원하기에 다른 학교보다 학비가 꽤 적게 든다는 것이 마음에 들었다. 가슴 떨리는 합격의 기쁨을 맛보았지만 감격은 오래가지 않았다. 역시 돈이 걸림돌이 되었다. 꼬깃꼬깃 장학금을 모아둔다고 했지만 어림 반 푼어치도 없었다. 아무 고등학교라도 입학만 하면 식당 아르바이트라도 해서 학비를 해결하리라 생각했는데 뜻대로 되지 않았다. 고개가 절로 떨구어졌다.

더 큰 문제는 통학을 할 수 없다는 점이었다. 대부분 학생들처럼 할인권으로 기차 통학을 계획했는데 처음부터 커다란 암초에 부딪혀 당황스러웠다. 하필이면 내가 합격한 학교가 시험을 쳐서 들어가는 지역의 최고 명문이었다. 평준화로 학교의 서열이 사라진 대도시에서 금수저 아이들이 대거 몰려왔다. 그들의 목표는 명문 여고를 졸업하고 좋은 대학에 들어가는 것이었다. 학교는 필요에 부응하고 전통을 이어가기 위해 입학 다음날부터 아침 0교시를 운영하고 밤늦게까지 야간자율학습을 시켰다. 통학 자체가 불가능한 구조였다.

할 수 없이 자취방을 구했다. 같이 합격한 고향 친구와 한방을 썼다. 실외 대문간에 있는 재래식 화장실을 여러 객식구가 줄 서서 이용하는 불편은 있었지만 나름대로 견딜만 했다. 다만, 장성한 딸이 돈을 벌어들이기는커녕 쌀과 밑반찬은 물론 부모님의 쌈짓돈까지 긁어오는 마음이 무거웠다. 선행학습과 과외로 중무장한 친구들이 부러웠지만 단과학원은 고사하고 참고서 한 권조차 언감생심 꿈도 꿀 수 없었다. 연습장이라도 한 권 사려면 식비를 줄일 수밖에 없었다. 내가 식사당번이 되면 반찬은 허접스러웠다. 가짓수도 적지만 양념과 고명 등이 대거 생략되어 제대로 맛이 나지 않았다. 점심 도시락 뚜껑을 열 때마다 얼굴이 붉어졌다. 또한 내색하지 않고 품어주는 친구 얼굴이 떠올라 마음은 더욱 쓰라렸다.

기다란 공용 부엌은 나란히 붙어 있는 두 개의 방을 품고 있었다. 싱크대 따위가 있을 리 만무하고 방마다 연탄아궁이와 그에 딸린 조그만 부뚜막이 전부였다. 세수와 설거지는 마당 가운데의 공동 수돗가에서 했다. 아침이면 좁은 부엌은 북새통을 이뤘다. 연탄불에 밥을 짓는 동안 풍로에는 오뎅을 볶거나 찌개를 끓였다. 급식이 없던 시절이라 점심과 저녁용으로 도시락을 두 개씩 준비해야 했다. 문간방을 쓰는 우리가 등교를 위해 바쁘게 도시락을 싸고 허겁지겁 설익은 밥을 먹노라면 옆방에서도 인기척이 들렸다. 인근의 대형병원에서 일하는 수간호사 언니가 출근하기 위해 일어나는 소리였다.

야간자율학습을 마치고 돌아오면 아무리 피곤해도 도시락부터 꺼내 씻어두었다. 그러지 않으면 다음날 새벽에 네 개의 양은도시락을 씻느라 마당에서 달그락거리는 것이 민폐여서이다. 추운 겨울, 바람막이도 문도 없는 부엌에서 두 손 호호 불어가며 아침 식사 준비하는 모습이 안쓰러웠는지 어느 날 옆방 언니가 제안을 해왔다. 가능하면 아침밥은 자신이 할 테니 월세도 아낄 겸 방을 합치는 것이 어떻겠냐는 것이었다. 월세 부담이 줄어드니 나로서는 당연히 대환영이었다.

드디어 합방했다. 조금 더 넓은 우리 쪽으로 언니가 짐을 빼 왔다. 조그마한 방은 그녀의 미니 화장대가 들어오면서 더 좁아졌다. 그래도 상관없었다. 잠만 자면 되니까. 그러나 집안 형편이 괜찮은 친구까지 불편한 생활로 이끌어 미안하고 고마웠다. 식구가 늘어 밥과 반찬은 더 많이 해야 했다. 때로는 야근을 하고 온 언니의 새벽 귀가에 잠을 설치기도 하고, 깨어나면 먹을 밥상을 차려놓는 번거로움도 있었다.

그렇지만 우리가 아프면 약도 갖다주고, 우울할 때 상담사가 되어주며 무엇보다 방세가 줄어들어 고마운 마음이 컸다.

먹고 사는 것이 먼저였고 살아남는 것이 전부였다. 살맛이 나든 말든 자존감이 낮든 말든 감정 따위는 중요하지도 않았고 살필 겨를도 없었다. 자신의 처지를 탓하기 전에 노력하는 것이 급선무였다. 모쪼록 최선을 다한 후에 실망을 하거나 원망해도 늦지 않다고 여겼다. 그러는 동안 남들이 흔히 겪는 사춘기가 나를 비켜갔다. 강산이 바뀌어 제2의 사춘기라 일컫는 갱년기가 되었어도 여전히 정신없이 사는 통에 그냥 통과했다. 사춘기, 과연 그것이 무엇인지….

구두

봄을 스치는 바람이 따스하다. 길가에 늘어선 가로수도 물을 머금어 싱그럽다. 앙상한 가지를 훑으며 드세게 빗질하던 찬비마저 부드러운 봄의 전령사가 되어 있다. 길섶 끝자락까지 따라간 햇살이 생명의 씨앗을 두드린다. 햇풀이 기지개를 켠다. 조그만 연둣빛 새싹이 무거운 흙덩이를 머리에 얹은 채 고개를 내민다. 꽃나무들도 저마다 노랗거나 연분홍, 하얀색의 몽우리를 팡팡 터뜨리며 봄의 향연에 동참하고 있다.

백화점 세일기간이다. 중저가 구두 브랜드에서 이월상품전을 한다기에 큰맘 먹고 집을 나섰다. 수년 동안 신어온 단화가 너무 오래되었나 보다. 걸을 때마다 왼쪽 신발 밑바닥에서 절버덕거리는 마찰음이 난다. 구겨진 뒤축과 빛바랜 가죽 코만 보고도 가족들은 딱하다는 듯 쳐다본다. 남의 시선이야 어떻든 볼이 넓은데다 높지 않은 통굽이라 신으면 편하기 그지없다. 그러나 해가 바뀌고 새로운 봄날이 도래하였으니 분위기 전환 겸 새 구두를 장만하기로 했다.

예쁜 구두가 참 많다. 작은 꽃밭마냥 다양한 색상이 눈길을 끈다. 은은한 파스텔풍도 강렬한 원색도 하나같이 멋스럽다. 끝이 뾰족하거나 무난한 것, 굽이 높거나 낮은 것, 뒤축에 액세서리, 끈이 있거나 없는 것 등 모양새도 가지가지다. 가격도 괜찮은 편이다.

평발에 어울리는 유리 구두가 있으랴. 욕심에 이것저것 신어보고 전신 거울에도 비춰본다. '누구 발을 닮아서 저리 생겼노?' 하는 친정엄마의 푸념 섞인 목소리가 들리는 듯하다. 고모를 염두에 두셨던 것 같다. 조카인 내게 고모의 발은 누구보다 아담하고 예뻤다고 생각했는데 보는 눈이 다를 수도 있겠다. '평발인 게 내 탓이네.' 하며 미소로 받아넘기던 고모의 선한 얼굴이 아른거린다. 지병으로 오래전에 요절하신 고모는 늘 그립기만 한 대상이다. 사춘기 시절, 나의 자잘한 고민을 들어주고 함께 아파해주던 고모는 내 인생의 훌륭한 멘토였다.

고모가 보물처럼 아끼던 '삐딱구두'에 눈길이 머문다. 아니 색상과 모양이 고모의 것과 흡사하다. 검정 가죽이 반질거리던 고무신 모양에

굽이 뾰족하고 높다. 아마도 가난한 고모가 신던 구두는 가죽 재질이 아니라 거죽만 반지르르한 값싼 모조품이었으리라. 그래도 고모는 애지중지하여 남몰래 장롱 위에 고이 얹어두었다. 그러면 나는 고모 눈을 피해 기다란 장대로 쓸어내려 잠수함처럼 신고 다녔다. 그 시절이 떠오르면 피식 서글픈 미소를 짓게 된다.

고모는 유달리 생각이 깊고 남에 대한 배려심이 많으셨다. 낙천적이고 느긋하며 작은 일에도 유쾌하게 잘 웃어서 늘 주변에 사람이 많았다. 먹고살기 힘든 시절이었다. 조카들을 업어 키우던 고모는 입 하나 줄이기 위해 상급학교 진학을 포기한 채 생활전선에 뛰어들어야 했다. 어린 나이지만 설움 속에서도 처지를 슬퍼하지 않았고 꿋꿋하게 이겨냈다. 틈새 시간에 문학전집을 읽으며 꿈을 키웠다. 야간에는 남몰래 공부를 하여 검정고시에 합격했고 학력을 인정받았다. 푼푼이 모은 돈은 집안을 일구는데 보태기도 했다.

고모가 집에 오는 날은 잔칫집 같았다. 엄마도 꼬깃꼬깃 쟁여둔 주머니를 열어 읍내 장터를 다녀오셨다. 쇠고기 반근에 무와 콩나물, 대파를 넣어 푹 끓인 국은 말로 표현할 수 없을 정도로 맛있었다. 물을 듬뿍 부어서 멀겋기는 하지만 빨간 고추기름이 둥둥 뜨는 고깃국을 먹을 수 있다는 그 자체가 행복이었다. 콩나물을 다듬으며 콧노래를 흥얼거리기도 했었다. 신작로에 뽀얀 먼지가 구름처럼 피어오르면 우리는 누가 먼저랄 것도 없이 밖으로 뛰쳐나갔다. 두 시간 간격으로 오는 시외버스다. 이번에는 우리 집 주변에서 정차하기를 간절히 빌었다.

해가 서산으로 기울 무렵, 드디어 버스가 섰다. 뒷문이 열리자 까만 구두가 얌전히 내려온다. 노을빛을 받아 검정은 금세 붉게 반짝였다. 멋쟁이 뾰족구두를 신고 옅은 화장을 한 고모가 얼굴을 드러낸다. 봄꽃 같이 눈부신 미소로 가득하다. 두 손엔 한 아름 선물을 안고서. 우리는 잠시 황홀함에 넋을 놓고 있다가 우르르 달려가 안겼다.

하늘거리는 원피스와 뾰족구두가 잘 어울리던 고모가 결혼을 한단다. 우리 집안에서는 남자의 직업이 변변치 않다고 결혼시킬 수 없다며 난리가 났다. 그럴수록 두 사람의 사랑은 더욱 견고해졌다. 결국 집안에서는 결혼식을 추진했다. 신접살림을 우리 마을에 차렸다. 우리는 고모부가 생긴데다 인정이 많고 지혜로운 고모를 수시로 볼 수 있어서 좋아라 했다.

마냥 행복할 것만 같던 고모의 결혼생활은 그리 순탄하지 못했다. 전문성과 자본이 부족한 고모부가 업종을 바꾸어가며 시도했지만 잘 되지 않았다. 뒷감당은 고스란히 고모의 몫이었다. 고모는 자식들과 먹고살기 위해 생애 마지막 업종이 된 세탁소 일에 소매를 걷어붙여야만 했다. 잘 챙겨 먹지 못해 면역력이 떨어진데다 세탁소의 옷 보푸라기와 뜨거운 분진 속에서 과로하다 결국은 호흡기관에 이상이 생겼다. 병은 걷잡을 수 없이 진행되었다. 항암치료 외 달리 더 손쓸 틈도 없이 고모는 서둘러 한이 많은 세상과의 끈을 놓아버린 것이다.

유년 시절 고모의 삐딱구두는 구두 그 이상이었다. 가난하고 비루한 삶 속에서 구두는 앞날에 대한 꿈과 희망이었고 신세계에 대한 무한 동경과 살아내야 하는 삶의 원동력이 되었다.

쇼핑백에서 꺼낸 새 구두를 신어본다. 검정 가죽 위로 온 세상을 다 가진 듯 활짝 웃던 고모의 미소가 아른거린다. 고모의 삐딱구두가 진짜 가죽이었으면 얼마나 더 행복해하셨을까. 고모의 꿈과 간절함이 담긴 뾰족구두를 쉽사리 취할 수 없었다. 역시 나에게는 아직도 낮은 통굽이 편하고 좋다. 진짜 가죽인 것만도 감사할 따름이다.

반짝이다

거울 앞에 섰다. 모처럼 화장을 하려니 어색하다. 외출 시간에 쫓겨 허둥대다 보니 화장 순서도 뒤죽박죽이다. 어찌해도 드러나는 나이지만 오늘따라 더욱 화장이 안 먹힌다. 입가에서 턱으로 흘러내리는 슬픈 주름선도 고랑이 짙어졌다. 기분전환을 위해 물방울 모양의 큐빅 귀걸이로 포인트를 주고 황급히 집을 나섰다.

백화점 지하 주차장에서 엘리베이터를 탔다. 지상과 연결되는 1층에 다다르자 사람들이 한꺼번에 몰려와 금세 만원이 되었다. 경보음이 울린다. 눈치만 볼 뿐 늦게 탄 사람 어느 누구도 내리지 않는다. 서로 안쪽으로 밀착할 뿐이다. 드디어 문이 닫힌다.

갑자기 아기 울음소리가 들린다. 바깥에서 충분히 울었나 보다. 눈시울이 빨갛다. 맑은 눈에 그렁그렁 눈물이 맺혀있다. 귀밑 단발머리 젊은 엄마는 아기를 추슬러 안으며 달랬다. 조부모인 듯 초로의 부부가 아기 이름을 부르며 토닥였지만 막무가내다. 낯선 얼굴로 가득한 좁은 공간이 숨 막히게 한 것 같다. 목청껏 울던 아이가 울음을 뚝 그쳤다. 다행이다.

주변의 시선 집중이 느껴졌다. 고개를 돌리니 해맑은 얼굴이 코앞에 있다. 동그랗고 말간 두 눈은 호기심으로 반짝였다. 복숭앗빛 뺨 위엔 아직도 눈물방울이 점점이 맺혀있다. 그러나 뽀얀 앞니를 보이며 환하게 웃는다. 매달린 눈물방울까지도 투명하다.

아기의 시선은 내 왼쪽 귀에 가 있었다. 곧이어 틈새를 비집고 들어온 고 귀여운 작은 손이 이내 귀걸이를 만지작거렸다. 순간 당황했지만 아기의 미소가 너무 예뻐서 잠자코 있었다. 유리 재질을 깎아 빚은 평범한 액세서리 귀걸이가 불빛에 반짝여서 신기했던 모양이다. 젊은 엄마가 깜짝 놀라 아기를 돌려 안는 순간 귀걸이는 내 귀에서 분리되었다. 모두가 내린 뒤 바닥 모퉁이에서 귀걸이를 찾아내었다. 입으로 훅 불어서 먼지를 떨었다. 왠지 아침에 착용할 때와는 다르게 보였다. 아기의 울음을 단숨에 잠재운 귀걸이였기에 내게도 귀한 존재가 된 것이다.

문화센터 강의실은 수업 열기로 후끈했다. 발성 연습은 끝난 상태다. 강사님과 옆자리에 앉은 친구에게 눈인사를 하고는 노래에 집중했다. 틈새 시간에 친구가 무슨 좋은 일이 있냐고 나지막이 물어왔다. 들어올 때 내 표정이 화사하고 좋아 보였단다. 노래를 부를 때도 이전보다 고운 소리가 났다고 한다. 그 말을 들으니 나도 모르게 어깨에 힘이 들어가고 마음이 우쭐해졌다. 동요 곡 '예쁜 아기 곰'을 부를 때 가사와 어울리는 동그란 눈의 엘리베이터 아기가 떠올라 목소리가 부드러워졌나 보다. 스스로도 몰랐던 나의 가능성을 느낀 순간이다.

모처럼 귀한 선물을 받은 기분이다. 사랑스러운 아기를 만난 것은 행운이다. 이미 성인이 되어버린 자식들의 어린 시절도 떠올리게 되었다. 벅찬 감동이 나에게만 머물지 않고 주변 사람에게 전달되었다니 다행이다. 노래란 산 경험이 있을 때 더욱 감성적이 된다는 걸 깨달은 것도 행복이다. 나도 타인에게 긍정의 힘을 줄 수 있는 괜찮은 존재라는 것을 스스로 확인한 셈이다.

다시 화장대 거울 앞에 섰다. 양쪽 귀가 유난히 빛난다. 천천히 귀걸이를 떼어 내었다. 귀걸이를 풀었음에도 밋밋하던 내 얼굴은 생동감으로 반짝였다. 입가 표정 주름도 온화해졌다. 저녁 식사를 준비하는 내내 콧노래가 멈춰지지 않는다.

언덕

이상한 일이다. 신작로에 덩그러니 두 뭉치 신문지가 놓여있다. 분명히 고향집 대문 앞에 주차하고 내릴 때까지는 안 보였던 것이다. 그것은 운전석 앞바퀴에 기대져 있다. 내 차 곁에 왜 두었는지 의아스러웠다. 신문지를 치우려고 허리를 굽히고 손을 뻗었다.

그때였다. 어디선가 나지막이 이름을 부르는 소리가 들렸다. 한 노인이 담벼락 끝 모퉁이에서 나를 부르며 손짓한다. 좀 전 마을회관에서 뵈었던 고향 동네 어르신이다. 엉성한 백발이 솜털처럼 가늘어져 바람

따라 올올이 흩날린다. 햇볕에 그을린 얼굴은 엷은 미소만 지어도 깊고 넓은 주름이 파도친다. 가느다란 지팡이를 움켜 짚고 나무 등걸에 의지한 채 서 계신다. 예전에는 늘 따뜻하고 활기찬 젊은 아주머니였지만 이제는 누가 봐도 전형적인 노인이다. 그분은 골목 끝 둥근 언덕 아래에 그림처럼 멈추어 있다.

어린 시절 해거름 언덕길이 겹쳐진다. 장사 가신 어머니를 까치발로 기다렸다. 새댁 소리를 듣던 어머니는 하루아침에 가족의 생계를 책임져야 했다. 번듯한 보금자리가 있던 도심지가 불타오르면서 젊은 생도 새까만 숯덩이가 되어버렸다. 쥐꼬리 보상금은 금세 바닥났고 탄탄하던 직장 미군부대에서 해고당한 아버지는 깊은 후유증을 앓게 되었다. 피할 수 없는 운명 앞에서 어머니는 허리띠를 졸라매고 손발을 걷어붙였다. 삼촌과 고모를 포함한 대가족을 이끌고 내가 태어난 이곳 시골에 정착하였다. 궂은일 해본 적 없는 어머니는 떡장사, 쌀장사, 농사 품앗이 등 닥치는 대로 일을 하셨다. 장사를 가는 날이면 꼭두새벽에 일어났다. 머리에 이고 간 물건이 다 팔리는 늦은 오후나 밤이 되어서야 파김치로 돌아오셨다.

시골 꼬맹이들에게 고향 언덕은 놀이터였다. 아랫동네 윗동네를 이어주는 언덕길은 야트막한 뒷산의 끝자락과 맞닿아 있다. 솔방울을 줍거나 소꿉놀이를 위해 오르내리는 아이들과 나물 캐는 아이들, 숨바

꼭질이나 달리기하는 아이들로 언덕은 늘 붐볐다. 나는 고무줄뛰기를 하다가 그것도 싫증나면 마구 내달리며 잡기놀이를 했다. 그러나 매번 미끄러져 무릎에 상처 입기 일쑤였다. 언덕에서 가파른 산비탈을 오르는 건 어린 내게 커다란 도전이었다.

어머니를 목 빼고 기다리노라면 다가와 토닥여주던 어른이다. 여든을 넘긴 친정어머니와 비슷한 연배로 오랜 친구이시다. 작은 등짝에 달라붙은 배를 안고 터덜터덜 길을 걷던 우리 사 남매에게 삶은 고구마를 쥐여주었고, 꽃샘추위가 비켜가는 언덕에 딱정벌레처럼 붙어 앉아 봄나물을 뜯고 있으면 내 소쿠리에 한 줌 보태주기도 했다. 다시 뵈니 반갑기도 했지만 어둑하여 갈 길이 바쁜데 왜 부르는지 긴장도 되었다.

어버이날을 앞두고 친정어머니를 찾아뵈었다. 몇 집 건너 도로변에서 오랜 세월 가게를 해 오시는 큰이모님 댁도 방문하였다. 옛날엔 국화빵도 구워 파셨는데 고맙게도 조카인 나에게는 거저 주기도 하여 아이들의 부러움을 받았던 기억이 난다. 이모님의 덕담과 기도를 받은 후 어머니가 자주 가는 마을회관을 찾았다. 시골에서는 마을회관이 곧 노인정이기도 하다. 그곳이 특별히 어색하지 않은 것은 직장을 명퇴한 후 몇 차례 들렀기 때문이다. 이곳에만 오면 어르신들의 이야기에 추억을 더듬으며 감회에 젖는다. 내가 어릴 때 장사 떠나는 엄마를 붙잡고 자지러지게 울었던 이야기는 절정에 달한다. 마무리는 근거 없이 한결같다. 그때 목청이 틔어서 노래는 좀 할 거라는 것이다.

나를 두고 한순간이나마 젊은 시절로 돌아가 추억할 수 있다면 그걸로 족하다. 동네 어르신들은 내가 준비해간 찹쌀망개떡과 수박을 나눠 드시며 한껏 즐거워하였다. 나도 그분들 사이에 끼어 앉아 온갖 너스레를 떨며 박장대소하기도 했다. 그런데 저분께서 굳이 나를 따로 찾으실 이유가 있으실까 싶었다. 그러나 내가 얼마나 생각이 얕고 속물근성을 가졌는지 금방 깨닫게 되었다.

"그거 상추랑 쑥갓이다. 가져가서 먹으래이."

이미 내 손에 들린 신문 뭉치를 가리켰다. 비탈진 언덕 너머 밭에서 키운 걸 금방 따왔단다. 마음은 빤한데 다리가 아파서 많이 못 땄다며 안타까워하신다. 냉장고에 넣었다가 싱싱하고 맛있을 때 얼른 먹으라는 당부도 잊지 않는다. 내 차를 봐뒀다가 남모르게 건네주려고 여태 기다리고 있은 것이다. 잠시나마 오해하고 주춤했던 게 부끄러웠다.

고향 언덕길이 백미러 뒤로 멀어져간다. 살림은 궁색해도 마음은 부자 되어 든든한 희망을 품게 된 길이다. 고향 마을 그 언덕은 지금까지도 줄곧 따스한 추억이 되었다. 객지에서도 세파를 견디게 하는 바람막이 언덕에서 배웅 나온 어머니와 함께 노인이 손을 흔든다.

저녁 식탁은 여느 때와 달리 풍성하다. 고향 볕에 숙성된 햇된장으로 구수한 된장찌개를 끓였다. 이모님의 기도문을 읊조리며 노인의 정을 품은 상추와 쑥갓, 어머니의 손맛이 담긴 파김치를 양껏 올렸다.

행여 고향 풋향 만으로는 제대로 빛을 발휘하지 못할까 봐 음식궁합이 좋은 삼겹살도 구웠다. 여린 상추와 쑥갓에다 잘 익은 삼겹살과 파김치를 올려 상추쌈을 싼다. 손바닥에서 초록이 높게 쌓인다. 희망을 꿈꾸던 유년의 언덕배기가 선하게 보인다. 오늘만큼은 고향 상추쌈이 나의 언덕이다.

결을 만지다

동쪽 하늘이 어슴푸레 밝아온다. 생동감 넘치는 출발점이다. 잠에서 깨어나자마자 푸석한 얼굴부터 매만지며 하루를 업데이트한다. 나의 아침 중 소리 내어 하품하고 두 팔 뻗어 기지개 켜는 것보다 우선순위에 두는 의식이다. 어제의 피로를 잊고 새로운 에너지로 아침을 맞듯이 거칠던 피부가 밤새 리뉴얼되었는지 살펴본다. 손끝에서 붓기가 느껴지지 않으면 마음까지도 수굿이 정리된다. 장기간 복용하던 관절염약이 얼굴 부종을 일으켜 마음이 쓰였던 까닭이다.

얼굴 상태를 확인했으니 이제 마음을 추슬러 세운다. 오랜 세월 동안 맞벌이 주부로서의 아침은 매 순간이 촌각을 다투는 전쟁터였다. 늘 조바심 내며 종종걸음치다가 비로소 여유로운 아침을 찾게 되었다. 퇴직 후 즐기는 아침 시간이 꿈만 같고 가슴 설렌다. 느긋한 기상은 무념무상의 시간으로 자리매김된다. 창으로 들어온 여명의 결 따라 방 안에도 어렴풋한 그림자들이 하나의 결로 눕는다. 이렇게 편안한 아침을 마주하기 위해 모두들 치열하게 살아가는가 싶다. 짧은 명상이나 기도를 한 후 천천히 하루를 설계한다. 지난 일의 고리나 앞으로 해야 할 일도 그려본다. 잘할 수 있다는 자기 암시에 굳었던 마음도 제 결을 따라 편평하게 풀어진다.

이제 몸을 살핀다. 열어둔 창으로 상쾌한 바람이 얇은 결되어 겹겹이 밀려온다. 시원한 바람 한줄기 품은 손바닥을 맞대어 비빈다. 열이 오르면 양 볼을 감싸 안는다. 방치해온 얼굴을 안쓰러움으로 매만진다. 주름선에 따라 밖으로 펴거나 처진 피부를 위로 쓸어 올리기도 한다. 이마와 턱을 결따라 문지르고 목선을 쓰다듬는다. 상하좌우로 입 모양을 바꾸며 소리 없는 발성 연습을 한다. 표정근육이 한결 부드러워진다. 두피까지 매만지니 개운함이 몰려들면서 삼십여 년 전 처음으로 마사지 받던 날이 떠오른다.

그날은 결혼식을 며칠 앞둔 날이었다. 예정에 없던 지출에 눈물을 머금고 마사지 침상에 누웠다. 빠듯한 살림에 딸자식 혼사를 치러야 하는 부모님 입장을 생각하여 소소한 경비는 생략하기로 했다. 화려한 신부 화장이나 분수 넘치는 마사지는 안중에도 없었다. 마사지의 필요성은 전혀 몰랐고 신부 메이크업은 당연히 스스로 하는 줄 알았다. 고향 성당에서 혼배미사를 드리기에 드레스 대여비 외에는 딱히 예식장비 같은 거금이 들 여지가 없었고 만들지도 않았다.

성당 제대 앞을 장식할 꽃바구니조차 직접 꾸몄다. 퇴근 후 발품을 팔아 도매가로 사 온 꽃을 초보 실력으로 정성껏 꽂았다. 그런데 주변의 강요에 난데없이 마사지를 받게 되었으니 그만 눈물단지를 쏟고 말았다. 그러나 난생처음 받은 그날의 마사지는 지금도 잊을 수 없다. 그 시원함에 놀라웠고 어색한 호사에 곧장 적응하는 내가 신기했다. 어린 신부를 축하하고 위로하는 듯한 어루만짐에 팽팽하던 긴장이 햇빛 받은 엿가락처럼 풀어졌던 것이다.

발끝 털기를 한다. 발뒤꿈치를 축으로 양쪽 엄지발가락이 맞부딪치게 충격을 주면 뻐근하면서도 시원한 전율이 종아리를 타고 허리선까지 빠르게 솟구친다. 무릎과 뒤틀어진 고관절의 불편함은 잠시이고 이내 몸이 느슨하여 바닥에 찰싹 달라붙는다. 불룩한 아랫배도 발끝의 지령을 받아 가쁘게 꿈틀댄다. 기지개로 스트레칭을 한 차례 더 한 후 자리를 박차고 일어난다.

부드러운 여명으로 몸과 마음을 다스리면 이미 하루를 꿰찬 듯 포만감에 젖어든다. 마음이 먼저 깨어 앞장서니 뒤따르는 몸이 둔하지 않다. 요리를 하거나 청소를 해도 권태감이 없고 손놀림이 날렵하다. 열리는 주방 창문으로 기다렸다는 듯 훅 밀고 들어오는 바람결에 온몸을 맡겨본다. 느리고 깊은 호흡따라 숨결에도 신선한 바람결이 인다. 모처럼의 숙면을 통해 재충전된 에너지는 웬만한 스트레스쯤 한 방에 날려버리곤 한다.

하지만 세상사가 뜻대로만 되지 않는 법. 애써 신바람 내며 노력한 결과가 기대에 못 미쳐 실망스러울 때가 많다. 설상가상으로 주변의 칭찬이나 격려는 고사하고 혹평이나 비난을 받기도 한다. 마음 가짐에 따라 칭찬이 비아냥으로 곱씹어지기도 하고 비난이 관심과 사랑으로 둔갑하기도 한다. 삶에 지쳐 마음결이 편안하지 못하던 나 역시 습관적인 사고의 틀로 일이나 사람을 평가하고 저울질해왔다. 왜곡된 시선과 단호한 말투에 상처받았을 마음들이 전해져오는 듯하여 가슴이 아리다. 자책하는 자신을 향해 '그때는 최선의 방법이었다.' 하며 다독여본다.

'꽃이 예뻐보이는 이유는 내 안에 꽃이 있기 때문이다.'라는 법정스님의 말씀처럼 내 안에 예쁜 꽃을 피우는 것이 먼저이다.

결국 내 마음의 날이 무디어져야만 타인의 마음도 어루만질 수가 있다. 부디 거친 마음이 부드러워지도록 결 따라 쉼 없이 매만지는 수밖에.

특별한 소포

집 주변을 흐르는 도심 하천을 따라 산책길에 나섰다. 투명한 햇살이 눈부시다. 바람 한 점 없다. 은빛 양떼구름에 둘러싸인 높다란 하늘은 새하얀 암반을 휘두른 코발트빛 호수 같다. '시월의 어느 멋진 날에' 노래가 흥얼거려지는 늦가을이다. 애태움 없이 아름다운 계절을 누릴 수 있는 지금의 평화가 감사하기만 하다.

물빛에 반사된 햇빛은 담장 위 배롱나무의 마지막 잎사귀를 더욱 빨갛게 물들인다. 순간을 놓칠세라 부랴부랴 인증 샷을 찍노라니 이태가 지난 일들이 지금도 생생하게 파노라마처럼 흐른다. 그날이었다. 갑자기 짖어대는 반려견 짱구 소리에 정신이 번쩍 들었다. 택배가 도착하였다는 음성메시지가 인터폰으로 들려왔다. 녀석이 제법 똑똑하다. 메시지 알림 직전에 홈오토의 액정 화면이 밝아진 것을 보고 미리 짖어댄 것이니까. 어쩌면 그때 도착한 택배가 특별한 것이라는 것을 녀석도 이미 알고 있었는지 모를 일이다.

돌이켜 생각해보면 그해 여름, 유례없이 더웠던 폭염의 날들이 어떻게 흘러갔는지 모르겠다. 더위를 푸념할 새도 없었고 남들처럼 피서가는 꿈은 꿀 수도 없었다. 꼬리에 꼬리를 물고 다가온 굵직한 집안일들로 온몸과 마음이 눈코 뜰 새 없이 바빴다. 낙상을 당한 시어머니의 손목뼈 부상과 간병, 친정어머니의 척추디스크 통원치료에 동행, 아들의 입영 준비와 배웅, 큰딸의 직장 발령에 따른 준비와 부임지 동행, 작은딸의 구강수술과 후속 치료, 최악의 불경기에 무기력해진 남편의 건강 챙기기 등이다. 게다가 나의 지병인 고혈압과 이유를 알 수 없는 어지럼증이 밀려와 가끔씩 흐릿해지는 의식을 생의 가운데로 끌고 오는 노력도 스스로 병행해야 했다.

소포 박스에 새겨진 글과 그림을 보는 순간 눈앞이 흐려졌다. 발신자와 수취인을 굳이 확인하지 않아도 무엇인지 금세 알아챘다. 아들이 입영한 육군 신병교육대에서 부모에게 보낸 장정 소포였다. 소포를 품에 안으니 만감이 교차했다. 가슴이 뜨겁게 미어왔다. 아들이 입영하던 날 입거나 소지했던 옷가지와 신발, 모자, 가방, 입영통지서와 부모에게 보내는 중대장의 편지가 들어 있었다. 행여나 싶어 박스 속 물품을 털고 바지 주머니를 샅샅이 뒤져봐도 녀석의 손편지는 보이지 않았다. 서운함은 뒷전이고 걱정이 앞섰다. 아들이 손편지 한 장 쓸 수 없을 정도로 심란하여 시작조차 못하는가 싶기도 했다. 어쩌면 무소식이 희소식이니 어떤 걱정도 말라는 무언의 메시지인지도 모를 일이다. 그래도 어미는 또다시 뒤져보기를 반복했다.

소포 개봉 전후 사진을 찍은 후 아들의 옷과 신발, 모자 등을 거실에 가지런히 펼쳤다. 때마침 걸려온 전화를 받으며 한눈파는 사이에 놀라운 장면이 펼쳐졌다. 하얀 털의 짱구가 아들의 낡은 흰 티셔츠 위에 올라가 얌전히 엎드려 코를 발름거리고 있었다. 너무 신통하기만 한 상황에 얼른 전화를 끊고 녀석을 주시했다. 그러다 가만히 카메라를 눌렀다. 찰칵 소리에 일어난 녀석이 티셔츠 위에서 뱅그르르 맴도니 꽃빵처럼 똬리가 생겼다. 아마도 곳곳에 스민 체취에서 막내 주인을 추억하는 것이리라. 말 못하는 저도 그리움으로 발이 떨어지지 않았나 보다. 기원하는 마음으로 박스를 곱게 접어 안마 의자 뒤에 보관하였다.

소포나 택배가 오면, 우리 아이들 내면에 흐르는 잔잔한 정이 떠올라 종종 마음이 시큰해진다. 좁은 거실 한켠을 장식한 고가의 안마 의자를 보노라면 소탈한 큰딸의 고생과 속정이 느껴져 가슴이 뭉클하다. 부모를 위해 비상금에다 건설 현장에서 일용직으로 아르바이트하여 모은 돈으로 선물해 준 것이기에 잘 모셔둔 것이다. 섬세한 작은딸은 제 언니의 생일날에 직장으로 백 송이 장미꽃 바구니를 택배로 보내어 자매간의 정을 돈독히 하였다. 아들 역시 제 누나들을 존중하고 잘 따르는 편이다. 자기 색깔만 고집하지 않고 부대끼면서도 서로 의지하며 살아가는 세 아이들의 모습이 부모의 입장에선 더 이상 고마울 수가 없다.

발걸음에 속도가 붙을 즈음 이마에는 땀방울이 송골송골 맺힌다. 걸음을 늦추니 시간도 천천히 흐른다. 쉼과 평화가 공존하는 시간이다. 물고기가 노니는 일급수를 목표로 수년 째 공사 중인 하천은 아직도 시큼한 냄새를 풍기곤 하지만 빌딩숲과 넓은 꽃밭으로 둘러싸여 도심 속 오아시스 같다. 게다가 운동기구를 이용하는 사람과 벤치에 앉아 한담을 나누는 사람들, 한껏 치장한 애완견을 앞세우고 산책하는 남녀노소의 모습이 더해져 전체적인 풍경은 소포로 받은 커다란 그림 같다.

우리 가족도 짱구를 앞세운 채 앞서거니 뒤서거니 한가로운 걸음을 옮길 수 있으려나 기대해본다. 오늘이라는 선물 박스를 조심스레 풀듯 가슴 쓰린 옛이야기 소포도 의연하게 풀고 받아들이면서.

아직은 괜찮은 나이

신호등이 바뀌었다. 가속페달을 밟으니 차가 기우뚱한다. 건물이 뿌옇게 변하나 싶더니 엿가락처럼 휘어진다. 식은땀이 난다. 두 눈을 부릅뜨고 팔까지 힘주어 핸들을 부여잡았다. 세상이 빙글빙글 돌아가고 팔다리가 맥없이 풀어진다. 내과에 가기 전에는 어지럽지도 않고 멀쩡했다. 감기 주사 한 대 맞는 것쯤이야 대수롭잖게 여겨졌다. 그러나 판단 착오였다. 감기 환자 흉내를 내며 진료를 받은 것 자체가 잘못이었다.

몇 해 전 출근길에 있었던 당혹스러운 경험이 겹쳐진다. 그날은 좌회전을 위해 1차로에 진입해 있었다. 눈앞이 가물거리고 심장 뛰는 소리가 내 귀에까지 들릴 정도로 크고 빨랐다. 위험신호였지만 차선마다 출근 차량들이 빼곡히 들어선 터라 감히 바깥 차선으로 이동하는 건 꿈도 꿀 수 없었다. 정신줄을 놓지 않기 위해 핸들을 꽉 움켜잡았다. 진땀이 흘러 두 손과 입은 옷은 흠뻑 젖었다. 간신히 출근한 직후 동료와 대화 중 쓰러졌다. 누적된 피로와 과도한 스트레스가 원인이었는지 정상이던 혈압이 위험수위까지 올랐다. 지금 생각해도 머리끝이 쭈뼛서는 아찔한 경험이다.

"지금까지 살고 보니 65세에서 80세까지가 인생의 최전성기였다."

유명 철학자인 김형석 교수가 설파한 말이다. 수년 전 TV 토크쇼에 출연하여 그가 강의하는 모습을 본 적 있다. 인자한 미소와 배려하는 마음, 차분한 말투와 꼿꼿한 자세에서 엄격한 자기 관리의 결실인 품격이 느껴졌다. '지금은 바쁘니 2년 후 98세가 되면 다시 사랑을 해 보고 싶다.'던 노교수의 농담이 귀에 쟁쟁했는데 어느새 100세를 넘으셨나 보다.

당신의 인생을 돌아보며 위트로 담담하게 풀어내던 모습이 인상적이었다. 초고령화시대를 맞아 일을 사랑하는 사람이 건강하다며 일을 잘하기 위해 건강부터 가꾸어야 한다는 지당한 말씀에 고개를 끄덕였다. 가장 아름다운 나이가 60부터 80까지였다는 말에 자세를 고쳐 앉아 끝까지 경청했다. 당시 오십대 중반에 접어든 나로서는 나이 들고 쓸모없다는 무기력감에 사로잡혀 눈은 초점을 잃고 어깨와 발걸음은 축 늘어져 있었다. 때마침 듣게 된 그 말은 가뭄 속 단비로 와 닿았다. 보푸라기처럼 풀풀 날리던 마음들이 중심을 향해 똘똘 뭉쳐지는 신비한 체험을 하게 했다. 보잘것없는 삶이지만 아직 인생의 절정이 오지 않은 괜찮은 나이라는 결론 앞에 어깨를 펴고 심호흡을 한다.

시어머니는 요양병원 침상과 한몸이 된 듯하다. 등 밑으로 손바닥이 잘 들어가지지 않을 정도이다. 욕창이 생길까 봐 옆으로 돌아 눕히려면 아프다며 손사래부터 친다. 부지런히 씻고 닦던 틀니도 잇몸이 줄어들어 사용할 수가 없다. 이가 없으니 미음으로 연명해야 한다. 낙상으로 하루아침에 대소변을 남의 손에 맡기다 보니 수치심과 함께 간병인의 수고를 덜고자 하는 마음에서 물도 미음도 줄이신 듯하다. 눈치 보지 말고 맘껏 드시고 편하게 용변 보시라고 해도 하루가 다르게 쇠약해진다.

그토록 보고 싶어 하던 우리 세 아이들, 당신의 손주들이 왔건만 알아보지 못한다. 입원 초기에는 우리 식구를 보기만 해도 눈물을 글썽였는데 이제는 표정에 미동도 없다. 지난 기억들이 연기처럼 가물거리다가 저 너머 막연한 공간으로 흩어져버린 듯하다. 아이들 이름을 선창하면 후렴으로 되새김질하신다. 군 복무 중인 막내아들이 할머니를 뵙기 위해 잠깐 휴가를 나왔다는 말에 옅은 미소를 머금고 손을 잡는다.

"할머니, 그동안 저희들을 키워주셔서 고맙습니다."

세 손주의 눈물 젖은 고백에 어머니의 눈에도 이슬이 맺힌다.

"너무 오래된 얘기라서 기억이 잘 안 난다. 고맙데이…."

100세가 되어서도 후학들에게 인생학을 강의하며 노익장을 과시하는 노교수가 새삼 떠올랐다. 시어머니는 인생의 절정도 없이 미수의 나이에 병상에서 노후를 보낸다 생각하니 가슴이 저민다.

오랜 기침감기로 고생하는 작은딸을 위해 엄마로서 할 수 있는 데는 한계가 있었다. 다 나아간다며 병원에 가지 않으려는 알바생 딸과 싸우며 신약 한약 번갈아 먹이는 데도 이력이 났다. 기침에 효험이 있는 병원의 약 처방전이 필요했다. 그리하여, 해서는 안 되지만 내가 환자가 되기로 했다. 억지 기침으로 열을 올리고 목소리를 걸끄럽게 깔았다. 여행을 가야 한다며 약 처방을 많이 해달라고 부탁했다. 다행히 일주일 분 약을 탔다. 작은딸에게 증상에 맞는 정확한 약을 먹일 수 있다는 생각에 콧노래를 부르며 차 시동을 걸었던 것이다. 시내 도로를 달리다 신호등에 걸릴 때마다 속이 울렁거렸다. 급기야 어지럽다. 눈앞이 가물가물하다. 독한 기침에 잘 듣는다던 주사를 피할 수 없어 딸을 대신하여 엉덩이를 내민 것이 잘못이었다.

작은딸은 병원 처방약을 먹고 기침이 잦아들었다. 사방팔방으로 날리던 내 마음도 차분히 가라앉는다. 모녀지간이기에 같은 소리 같은 기운은 서로 통한다는 뜻의 동성상응同聲相應이 머리를 스친다. 시어머니의 유전자를 물려받은 남편과 우리 아이들의 슬픔이 깊은 것 또한 같은 이치이리라. 그래서 핏줄은 천륜이라 했던가 싶다.

건강은 건강이 남아있을 때 관리를 해야 한다는 진리를 되뇌어본다. 자신은 물론 가족을 위해서도 스스로 건강관리를 해야 한다. 아무리 가족이라 해도 대신 아파하거나 대신 처방할 수 없다는 것을 뼈저리게 느낀다. 나 역시 예전처럼 쓰러지면 가족에게 폐가 될까 봐 오늘도 운동화를 신는다. 예순 턱밑이지만 아직은 괜찮은 나이다.

제3부

피에로가 웃고 있지

길 위의 봄

가뿐한 마음으로 운전대를 잡았다. 예상대로 차량의 움직임이 강물 흐르듯 순조롭다. 차창 너머로 스치는 나무들이 새롭게 다가온다. 겨우내 말랐던 가지에 홍조가 일고 숨은 촉에는 가뭇한 향기를 머금었다. 사방에 봄꽃이 터진다. 꽃샘추위를 가르며 찾아온 봄날은 어느새 길 위에서 익어가고 있었다.

매끄러운 봄바람에 힘입어 하이패스 요금소를 지난다. 그럴 때면 으레 떠오르는 장면에 얼굴이 붉어진다. 어느 봄날의 직장인 시절이다.

운전 경력은 제법 되었으나 출퇴근용이어서 도시 외곽 고속도로 주행은 늘 부담스러웠다. 승용차 몇 대로 직원 워크숍을 떠나던 중이었다. 나는 길치여서 장거리 운전을 망설였지만 여건상 어쩔 수 없었다.

내비게이션이 있었으나 잘 이용하지 않아 서툴고 불안했다. 바짝 앞차 꽁무니만 보고 달렸다. 동승자들의 우스갯소리가 한결 편안하게 느껴질 무렵, 고속도로 운전에도 자신감이 올랐다. 앞차는 여전히 내 주행속도에 맞추어 잘 이끌어 주었다. 그러다 갑자기 '배엥배엥배엥~' 하는 요란한 소리와 함께 주변 경광등이 푸른빛을 내며 돌아갔다. 앞차가 비상등을 켜고 서행을 했다. 영문도 모른 채 나도 뒤따라 갓길로 갔다.

아뿔싸! 문제는 운전자인 나에게 있었다. 하이패스 기기도 없이 무정차 전용구간을 통과한 것이다. 결국 요금소 직원의 안내대로 후진하였다가 현금을 지불하고서야 지날 수 있었다. 놀란 일행들이 걱정의 눈빛으로 몰려들었다. 얼굴이 화끈거렸다. 앞차를 놓칠세라 생각 없이 무작정 따라 내달렸나 보다.

남쪽으로 내려갈수록 가로수는 화려해진다. 봄기운을 품은 나무들이 노랑과 연분홍, 순백과 연두 등 여러 색깔로 자신을 알려온다. 흰 눈뭉치를 단 목련나무와 분홍 가지의 매화목, 벚나무와 도화나무가 손짓한다. 꽃나무는 줄기를 올리고 잎사귀를 무성히 펼쳐낸 후에야 비로소 꽃망울을 돋게 한다. 그러나 봄꽃은 순서가 반대다. 초록 잎의 배경도 없이 가장 찬연하게 꽃만으로 데뷔한다. 봄꽃의 홍취에 어질해질 무렵이면 꽃은 소리 없이 스러지고 그 자리에 연둣빛 잎사귀가 송송 올라온다.

얼마를 더 달렸을까. 숨이 턱 막힐 것 같았다. 가로수가 온통 연분홍빛 벚꽃이다. 도로를 덮은 벚꽃 터널에 접어들자마자 휴대폰을 꺼냈다. 때마침 정체 구간이라 이쪽저쪽 풍경을 마구 카메라에 담았다. 저장된 사진을 살펴보고 각도를 조정하며 몇 컷을 더 찍고 있노라니 정적을 깨는 소리가 들렸다. 뒤차들이 한꺼번에 경음기를 울려대고 있었다. 운전 중이었음을 깜빡 잊었다. 다시 목적지를 향한다. 꽃길이 끝날 무렵 세찬 바람에 꽃비가 쏟아진다. 앞 유리에 내려앉은 벚꽃이 떨어져 밟힐세라 가능한 오래 서행한다.

이제는 하이패스 구간을 당당하게 통과한다. 후불카드까지 장착하였기에 요금 걱정을 하지 않아도 된다. 정체 구간이 아닌데 흐름이 예사롭지 않다. 차선이 줄어들면서 생기는 일시적인 현상이려니 했다. 목적지에 늦겠다고 문자를 주고받을 만큼 도로는 주차장 수준이다. 얼마나 지났을까. 다급한 사이렌 소리와 함께 구급차와 경찰차가 달려간다. 곧이어 육중한 레커차도 굼뜨며 뒤따른다. 접촉사고가 난 모양이다. 유리 파편의 크기와 바퀴 자국을 보면서 사고의 경중을 짐작할 따름이다.

고속도로가 다시 움직이기 시작했다. 모처럼 가속 페달을 지그시 누른다. 좁은 공간에 갇혀있던 질주의 본능이 발동한다. 다들 속도가 빠른데다 사고 현장을 목격한 만큼 차량 간격도 충분히 유지하고 있다. 앞서거니 뒤서거니 유기적으로 흘러간다. 그때였다. 눈앞이 번쩍하며 눈이 부신다. 앞차와는 동떨어져 있는데 백미러를 올려다보곤 깜짝 놀랐다. 후면에는 빨간 벽만 보일 뿐 뒤따르는 차나 그 어떤 물체도 보이지 않는다. 다만 대낮인데도 상향등을 쏘며 내 차를 위협한다.

속도를 올려 간격을 넓혔다. 드디어 정체가 드러났다. 비상등까지 켠 빨간 고속버스이다. 갈 길이 급하면 앞지르면 될 것을 위협하듯 지근거리에 달라붙는다. 황급히 오른쪽 차선으로 비켜 나왔다. 앞길이 훤하게 뚫렸건만 버스는 직진 대신 옆 차선으로 넘어간다. 먹잇감을 발견한 사냥개마냥 앞 차를 향해 또 돌진하며 경음기마저 울린다. 한동안 버스는 종횡무진 내달렸고, 앞차들은 긴급차를 맞이한 듯 길을 열어줬다.

마음이 씁쓰레해졌다. 그러나 차량 흐름을 타야 하기 때문에 곧 잊어버렸다. 요금소를 통과하노라니 잊고 있었던 그 빨간 버스의 비상등이 보였다. 몹시 성급하게 움직이던 버스가 왜 정차해 있을까. 버스의 큰 덩치 앞에 작은 승용차 한 대가 멈춰 있다. 새로 뽑은 듯 새하얀 승용차의 문에는 문콕 방지용 스펀지까지 반듯하게 붙어있다. 결국은 버스가 사고를 내고 만 것이다.

곰곰이 생각해보면 나도 버스를 나무랄 처지는 아닌 것 같다. 일행을 따라 대책 없이 하이패스 구간에 진입하거나 동승자를 빠뜨린 채 출발하기도 하고, 봄꽃에 취해 운전 중 사진을 찍거나 방향지시등을 켜 둔 채 질주하다가 뒤차의 주의를 받기도 한다. 이렇게 봄날 외출이면 더욱 들뜨고 어수룩해진다.

만물이 소생하는 이 계절, 지나간 청춘의 봄을 돌아본다. 풀꽃 한 아름 안고서 '봄처녀' 노래를 불러 주목받고자 하던 어린 내가 아니던가. 길 위에 멈춘 저 붉은 버스도 어쩌면 이 봄날을 주체하지 못해 평정심을 잃고 마음이 앞섰거니 짐작한다.

산소처럼

밤바람이 눅눅하다. 며칠 전에 쏟아진 장맛비의 영향이 크다. 한 줄기 바람에 한기가 들고 마른기침이 나온다. 개도 피해 가는 여름감기에 걸린 탓이다. 들고 온 카디건을 걸쳐 입고 걸음을 옮긴다. 심호흡을 하며 아파트를 몇 바퀴 돌고서야 비로소 마음이 진정되고 숨통이 트인다.

요즘 집안 공기가 무겁다. 서로 눈길을 피한다. 설마 했던 일이 현실이 되어 숨통을 집요하게 옥죌 줄은 몰랐다. 잘되면 대박이지만,

잘못되면 쪽박이라는 걸 모르고 금쪽같은 퇴직금을 투자한 건 아니다. 하지만 사실상 후자는 염두에 두지 않았었다. 당시, 시대가 바뀌면서 갖은 규제로 부동산 시장이 꽁꽁 얼어붙은 현재 사태를 예견하지 못한 왕초보 개미 투자자였다. 다 잘될 것이라는 근거 없는 믿음이 굳건히 자리하고 있었던 것이다.

평소 나는 이것저것 꼼꼼하게 따져보고 결정하는 성향이다. 그러나 돌다리도 두드려보고 건너야 할 것을, 가보지 않은 길에 대한 호기심 발동이 화근이 되었다. 퇴직 후 무료함에 익숙해지던 어느 날, 현관문에 붙어있는 소형아파트 분양 홍보물이 눈에 들어왔다. 모델하우스가 지척에 있어서 구경삼아 갔다가 분양사의 성공적 비전과 확신에 찬 언술에 현혹되었다. 재테크에 안목이 없는 문외한임을 잊고 내 손으로 손해막급한 부동산 계약서에 서명날인을 한 것이다.

며칠 전 작은딸이 슬그머니 봉투를 내밀었다. 알바여서 시원찮은 벌이에 현금을 건넬 리는 없는데 과연 뭘까 하며 봉투를 열었다. 뜻밖의 선물이 들어있었다. 젊은이들이 좋아하는 K가수의 공연 티켓이다. 나의 잘못된 투자로 우리 부부간 감정의 골이 깊어가는 것을 보다 못한 둘째가 마련한 중재의 선물이리라. 아쉽게도 남편은 지인들과의 모임 날이 겹쳐서 딸과 둘이 가게 되었다.

작은딸의 손에 이끌려 콘서트홀에 들어갔다. 입구부터 열기가 훅 느껴졌다. 넓은 공연장은 젊은 청춘남녀들로 넘쳐났다. 나로서는 주인공의 이름만 겨우 들어본 정도이다. 돌아보면, 내 코가 석자이다 보니 먹고사는 것 외에는 달리 관심을 두지 않았던 세월이었다. 꿈과 젊음, 낭만과 열정이 출렁대는 공연장 한가운데에 있는 자신이 믿기지도 않고 혼란스럽기도 했다. 열광의 분위기에 맞지 않게 나이만 들어 초라하게 느껴졌다. 오히려 관람석 조명이 꺼지니 한결 편안해졌다.

드디어 시작이다. 웅장한 음악과 함께 관객의 환호 박수와 찬란한 조명을 받으며 발라드의 여왕이라 불리는 가수가 혜성처럼 등장했다. 그녀의 대표곡이나 곡에 대한 사연과 의미를 모르기에 특별한 기대감도 없이 무심히 바라보기만 했다. 무대는 애창곡을 연이어 들려주는 일반 가수들의 라이브 콘서트와는 사뭇 달랐다. 무엇이 주객인지 모를 정도로 노래가 반이고 객석과의 소통이 절반을 차지했다.

그런데 이상하리만치 편안했다. 그녀는 열정과 냉정 사이를 종횡무진 오가며 관객의 무감각한 감성을 자극했다. 이별을 노래할 때는 발라드의 애절한 가사와 서정적 가락에 숙연해지고, 댄스곡을 부를 때는 넘치는 에너지와 열정에 들썩였다. 노래가 끝나면 땀범벅이 된 얼굴을 닦으며 특유의 차분한 어조로 일상적인 멘트를 이어갔다. 목소리 톤은 저음이지만 부드럽고 호소력이 있는 입담에 빠져들었다. 공연 도중 한 소절 부르기 깜짝 대회를 열어 최고로 뽑힌 관객과는 즉석 듀엣도 스스럼없이 보여주었다. 인기가 분산되는 모험적인 장면일 수도 있지만 개의치 않고 관객과 하나되려는 노력을 아끼지 않았다. 그렇게 그녀는 이별을 주제로 한 영상과 함께 명품 보컬리스트로서의 가창력을 유감 없이 발휘하며 세 시간 공연을 마무리했다.

돌아오는 길에 작은딸의 손을 꼭 쥐었다. 녀석이 아니었다면 이런 열정적인 에너지와 뭉클한 감동을 받을 수 있었을까. 내가 살아있는 느낌이 든다고 했다. 지하철을 타고 가자 했더니 늦었다며 택시비까지 덤으로 낸다.

모녀의 화사한 표정에 남편의 기색도 밝아진다. 젊은 가수의 진솔한 멘트와 폭발적인 가창력이 가슴에 스며들었다. 재테크의 실패담도 언젠가는 웃으며 말할 수 있는 날이 오리라 믿으며 밤공기를 들이킨다. 때때로 우리 모두는 산소 같은 사람이 되기도 한다. 특별한 요청 없이 틈새만 보여줘도 좋은 기운이 스며들게 해주는 사람이 있다. 그런 사람은 마음을 되살리는 신비한 에너지원이라는 생각이 든다. 나 역시 상대에게 맑은 숨을 불어 넣는 사람이 되길 희망한다.

기다리다

이번 달도 적자다. 월말에 나가야 하는 아파트 관리비만 겨우 남겨뒀다. 수입은 줄었는데 쓰임새는 늘고 물가마저 껑충 뛴 까닭이다. 사치를 부리거나 과소비를 하며 신바람나게 산 것이 아닌데도 지갑은 늘 일찌감치 바닥을 드러내곤 한다. 전전긍긍하던 자존감도 곤두박질 친다. 애꿎은 물가를 탓하며 내려가길 고대한다.

버스를 타고 대여섯 정거장을 지나 전통시장 인근에 하차했다. 불과 몇 년 전까지만 해도 수송량 면에서 가히 지역을 대표하는 명소로 이름을 떨치던 기차역이 보였다. 오가는 나그네의 희비가 교차하던 완행열차 정거장이기도 했다. 이제는 여객 수송을 하지 않아 예전의 명성과 화려함은 사람들 기억 속에서도 잊혀져갔다. 널따랗던 역전 공터에는 노숙자 쉼터와 무료급식소가 무심히 자리하고 있다. 저녁 배식까지는 족히 한 시간 넘게 남았건만 순서를 기다리는 사람들의 줄은 인도까지 이어진다.

큰길을 사이에 두고 기차역과 마주한 반대편 시장은 여전히 번잡하다. 전통을 자랑하듯, 작고 영세한 상가들이 골목을 빼곡히 채우고 있다. 식료품 가격이 집 주변 마트와는 판이하게 다르다. 애호박 한 개 가격으로 서너 개를 살 수 있고 제철인 대파도 절반 값이다. 감자, 오이, 고등어도 싱싱하고 저렴하다. 덤으로 얹어주는 넉넉한 인심도 뒤따른다.

마음 같아서는 눈길이 머문 채소와 생선을 모두 사고 싶다. 그러나 수중에 잡히는 지폐 두께에 망설여졌다. 시장에 온 목적은 단 하나로 양념 재료를 사러 온 것이다. 주머니 속에 만져지는 건 겨우 만 원짜리 두 장뿐. 그것도 외출 전에 옷장 속 외투 주머니를 모두 뒤적거려 찾아내었다. 미처 지갑 속에 들어가지 못한 것들이다. 나처럼 덜렁대고 뒷마무리가 시원찮은 사람이 다급할 때 의지하고 누릴 수 있는 횡재이기도 하다.

노점상 할머니들의 애처로운 손길을 애써 피했다. 초여름 뙤약볕에 채소가 시들어 마음까지 탈 텐데 돈 없는 뜨내기손님들은 흥정도 않고 지나가니 상심도 크시겠다. 노랗고 튼실하게 자란 햇감자를 손에 넣지 못하는 이 마음인들 오죽하랴. 하릴없이 고개를 들어본다. 길 건너편으로 무료급식소 출입문을 향하여 그림처럼 줄지은 사람 무리가 언뜻 보인다. 전 재산이 들었을 검정 백팩조차 무겁게 느껴지는 왜소하고 추레한 차림의 그들이 예사롭지 않게 다가온다.

걸음을 재촉했다. 골목 끝까지 갔다가 방향을 거꾸로 틀었다. 두어 걸음 걷노라니 원하는 물건이 보였다. 깐 마늘이다. 두툼한 한 봉지를 샀다. 물건을 받고 돌아서려니 '마늘 갈아 줍니다.'라는 문구가 보였다. 이왕이면 마늘 꼭지를 떼고 갈아 줄 수 있느냐고 물었다. 주인 할머니께서 흔쾌히 허락한다. 나도 두 팔 걷어붙이고 거들었다. 가게가 작아서 내가 비집고 앉기에도 어정쩡했다. 노인이 내어준 앉은뱅이 의자에 엉덩이를 걸치고 마늘 꼭지를 뗐다.

주인 할머니의 지나온 삶에 대한 회한과 넋두리가 이어졌다. 팔순 언저리의 노인은 눌러둔 감정을 주체하지 못해 밝게 웃거나 말끝을 흐리기도 했다. 고인이 된 남편을 따라 보따리 장사부터 했단다. 비가 오나 눈이 오나 사십 년을 넘게 시장을 전전하여 오 남매를 대학까지 시켰다. 이제 자식들과 손주들이 오라고 해도 가시지 않는단다. 자식들에게 민폐가 되기도 하지만 할머니는 지금 이대로가 좋다고 하신다.

단골손님을 기다리는 것이 낙이고 주변 노점상 노인들도 말벗이라서 외롭지 않단다.

마늘은 거의 다듬었는데 할머니의 이야기는 끝나지 않는다. 한창 무르익었는데 매정하게 끊을 수 없어서 마늘 한 봉지를 더 사겠다고 했다. 바가지에 부어 놓으니 한숨부터 나왔다. 그래도 반복된 작업인지라 손놀림이 빨라져서 속도가 났다. 할머니도 줄어드는 마늘 양에 맞추어 이야기를 건너뛰었다. 신기한 건 마늘을 다듬고 있으니 마음이 편안해졌다. 할머니의 정감 어린 말투와 푸근한 마음 씀씀이에 매료된 모양이다.

깐 마늘을 씻어서 소쿠리에 건져뒀다. 할머니가 신줏단지처럼 모셔둔 마늘 가는 기계를 조심스레 꺼냈다. 먼지 앉을까 봐 덮어둔 비닐을 벗겨내고 마늘을 갈았다. 내친김에 옆에 있는 고추도 갈아달라고 했다. 마늘과 고추를 갈았으니 마음이 든든했다. 김치를 담그거나 조림을 할 때 기본이 되는 양념이 두둑해지니 부자가 된 기분이었다. 할머니께 마늘과 고춧값을 드렸다. 이만 원이다. 수중에 있는 돈 전부였지만 전혀 허전하지 않았다. 기다릴 테니 다음에도 오란다.

기다린다는 말이 가슴에 저민다. 마늘 다듬기로 맺은 귀한 인연이다. 저녁 배식을 기다리는 노숙인들 만큼이나 나 역시 기다림에 익숙해진 지는 오래다. 가족들의 무사 귀환을 기다리고 공들인 후 좋은 결과를 기다린다. 특별한 기념일이나 음식이 익기를 기다리고 목돈이 만들어지길 기다린다. 그러나 오늘만큼 내게 아주 절실한 기다림은 남편의 월급 입금이다.

생각만 해도 가슴이 따뜻해져

다시 태풍 소식이 들린다. 앞선 태풍 '타파'가 이곳 남부지방을 강타한 지 불과 열흘도 되지 않는다. 부서지고 생채기 난 도시는 아직도 복구의 손이 절실하건만 달갑잖은 손님 '미탁'마저 이내 소용돌이치는 몸집으로 엄습해온다.

며칠 전 막 퇴근해온 지인들을 동네 식당에서 만났다. 백수에다 집순이인 나를 위한 배려였다. 모처럼 뭉친 우리는 앞선 태풍에 무사했는지 그동안의 안부를 풀어헤쳤다. 맛난 음식에는 탄성을, 신바람 나는 일화는 맞장구를 치느라 시간 가는 줄 몰랐다.

여유와 낭만과 호사스러움을 대변하는 여행 이야기는 빠질 수 없는 단골 메뉴였다. 타인의 여러 나라 여행 후기를 들을 때면 언제나 가슴이 벅차오른다. 기회가 된다면 나도 집 울타리를 벗어나 드넓은 세계로 나아가고 싶다. 광활한 대자연의 풍광을 마주하면 다시는 못 볼 것처럼 눈이 시리도록 볼 것이다. 찬란하고 불가사의한 인류의 유산 앞에서는 고개 숙여 존경심을 표하리라. 그 시간이 오면 지금과는 달리 인증샷을 많이 찍을 것이다. 점 하나로 찍힌 내 존재쯤이야 잘나도 못나도 별반 다를 게 없기 때문이다. 카톡 프로필에도 올리고 여행 후일담도 멋스럽게 전달하는 여행가이고 싶어진다. 그러나 가슴 아픈 여행은 마다하고 싶다.

"야야. 네 고모가 하늘나라 여행을 떠났다. 어젯밤 11시에."

굵직한 목소리에 깜짝 놀라 눈을 떴다. 어디선가 본 듯한 남루한 노인이 어둑한 방 모서리에서 내려다보며 하는 말이었다. 내가 그토록 좋아하고 존경하는 고모가 기어이 돌아가셨다는 말에 꺼이꺼이 소리 내어 울었다. 흘러내린 눈물이 귓속으로 스며들어 먹먹해졌다. 눈물은 뜨거운데 꿈인지 생시인지 도무지 구분이 되지 않았다. 자리에서 벌떡 일어났다. 베개는 흠뻑 젖어있었지만 다행스럽게 이 모든 것이 꿈이었다.

고모를 마지막으로 보았던 보름 전의 일은 이십여 년이 지난 지금도 가슴 쓰라리게 생생하다. 태풍이 지나간 일요일에 투병 중인 고모를 뵈러 버스와 기차를 번갈아 타고 타지에 있는 병원으로 갔다. 곱던 고모 얼굴은 반쪽이 되어있었다. 남의 아픔까지 품어주던 깊고 선한 두 눈엔 눈물이 넘쳐났다. 병상에서 제대로 돌아눕지 못하는 고모를 오랫동안 끌어안았다. 몰아치는 고통을 참느라 이를 악물면서도 환자는 간간이 엷은 미소를 머금고 지인들의 안부를 묻곤 했다.

나에게 있어 고모는 인생의 멘토 이상이었다. 지독한 가난으로 꿈조차 꾸지 못하던 어두운 시절에 희망과 빛으로 이끌어준 분이다. 자신도 어린 나이인데 열 살 안팎 터울인 우리 조카들을 등에 업고 얼리며 돌봐주었다. 성인이 되어서도 고모와의 사이는 여전히 각별했다. 나는 힘든 일이 생기면 제일 먼저 고모에게 달려갔다. 세 남매를 둔 고모는 어린 막내딸이 칭얼거려도 특유의 포근함으로 다독이며 우리의 대화에 집중했다. 늘 부모에 버금가는 사랑으로 안아주었고, 내 고민에 경청하며 지혜롭게 해결하도록 안내해 주었다. 일희일비하지 않고 의연한 모습을 보일 때면 마치 성자처럼 믿음이 갔다.

고민이 풀렸으면 빨리 가서 할일 하라던 고모가 이번만큼은 붙잡은 손을 놓지 못하신다. 당신은 알고 있었는지도 모를 일이다. 그 손을 놓으면 막내 조카와 이생에서의 인연도 끝난다는 것을. 나는 환자의 벙거지를 쓴 모습도 예쁘다며 그녀의 얼룩진 얼굴을 쓰다듬었다. 간절한 마음으로 고모를 안아주고 병실을 나섰다. 그것이 마지막 포옹이 되어버렸다.

그날 오후, 귀갓길에 내가 다니는 성당에 들렀다. 밤 미사까지는 시간 여유가 있어 넓은 성전은 어둡고 텅 비어있었다. 중앙통로 제일 앞의 긴 의자에 자리를 잡았다. 무릎을 꿇고 엎드려 기도드렸다. 눈물이 범벅된 채 고모를 제발 낫게 해주시든지 고통을 덜 받게 편안히 모셔가 달라고 빌었다. 그런데 알 수 없는 서늘한 기운에 얼굴이 돋았다. 화들짝 고개를 들었다.

아뿔싸, 놀랍게도 누군가가 들어와 있다. 내가 앉은 의자의 한쪽 끝에서 안으로 들어올 기세다. 교회의 육중한 문을 소리도 없이 밀고 들어온 게 더 놀라웠다. 나는 황급히 의자의 다른 쪽으로 빠져나왔다. 그때였다. 남루한 차림새의 노인이 입을 열었다. 엉성한 머리칼과 허연 턱수염이 아무렇게나 헝클어져 있었다. 게다가 한쪽 수족이 불편한 듯 거동이 힘겨워 보인다. 차비가 없다며 돈을 좀 달라고 한다. 어눌하지만 낮고 분명한 어조이다.

놀란 가슴을 쓸어내리느라 나는 정신이 없었다. 떨리는 손으로 가방과 호주머니를 뒤져서 가진 돈을 선반 위에 올려두었다. 박봉에다 고모님 병문안을 다녀오는 길이라 수중에는 돈이 몇 푼 없었다. 동전까지 모두 꺼내놓고는 줄행랑을 쳤다. 고맙다는 말이 메아리처럼 뒤통수를 스쳤다. 바로 그였다. 간밤 꿈에 나타나서 고모의 천상 여행을 알려주었던 노인은 보름 전 성당에서 마주친 그 노숙자였다.

머리가 지끈거리고 아파왔다. 설마 하면서도 근무시간 내내 마음이 불안했다. 다행히 아무 소식 없이 하루 일과를 마치고 퇴근했다. 집 전화기가 울렸다. 친정어머니의 목소리가 잠겨있다. 직감일까. 고모가 돌아가셨단다. 공포와 불안감은 큰 슬픔 앞에 스러지고 예감한 듯 눈물보다 언제였는지 궁금증이 앞섰다. 지난밤 7시 40분에 운명하셨단다. 놀라웠다. 꿈속에서 이미 운명 소식을 들은 것도, 묘하게 두 숫자를 합치면 11시가 나온 것도 신기했다.

지금도 1분만 생각해도 가슴이 따뜻해지는 사람은 고모님이다. 내가 하고 싶은 것을 하고 살라던 그 말씀이 귓가에 쟁쟁하다. 나도 이제부터 간절히 원하던 여행을 떠나볼까 싶다. 지인들의 대화 속에서 살아있는 나를 발견한다. 다가오는 태풍 속에 병마와 근심과 인생의 허망함까지 모조리 날려가길 기원한다. 태풍이 지나간 자리에는 저마다의 새로운 희망이 솟구치기를 바라본다.

피에로가 웃고 있지

나에게 새로운 친구가 생겼다. 몇 해 전 명퇴를 하고 난 직후였다. 주일 미사를 드리기 위해 찾은 성당에서 만났다. 두 손 모아 기도하는 내 모습이 진중해 보인다며 옆 좌석에서 말을 걸어왔다. 알고 보니 우리는 동갑인데다 오랜 직장에서 근간에 명퇴를 한 공통점이 있어 금세 친하게 되었다.

나도 이 친구에게 마음이 끌렸다. 마음 씀씀이의 품이 넓어 보였다. 둘이서 식당이나 카페에 들어가면 정이 많은 친구가 결제 전담처럼 잽싸게 계산했다. 재래시장엘 가도 자기가 구입한 과일이나 생선을 내 장바구니에 꾹꾹 눌러 담아준다. 내가 속이 상하여 투정이라도 부리면 이 친구는 가만히 귀를 기울여 듣고 말없이 나를 토닥인다. 그러고는 말한다. 이 모든 것은 곧 지나가니까 조금만 더 참으라고 한다. 함께 있으면 위로가 되고 편안해지는 친구이다.

그런데 시간이 지나면서 친구에 대한 믿음이 엷어져 간다. 이제 만나지 말까 하는 생각조차 하게 된다. 겉보기엔 후덕하고 씩씩해 보이지만 실상은 반대였다. 속내는 자기 계산이 빨라 손해 보지 않으려 쪼잔하게 안간힘을 쓰고 작은 일에도 안절부절못하는 겁쟁이였다. 또 무슨 생각이 그리 많은지 대화 중에도 눈은 허공을 맴돌다 뒤늦게 동문서답하기 일쑤다. 편안하게 해결할 수 있는 사소한 일에도 필요 없이 긴장을 한다. 한계를 보이지 않겠다는 듯 온몸에 힘이 들어가는 통에 일을 망치기도 한다. 머리가 나쁘면 손발이 고생이라고 했다. 이 친구가 딱 그렇다. 농땡이 부리지 않고 열심히는 하는데 방향이 반대여서 원래 자리에 가만히 있는 것보다 못한 경우도 많다. 사는 게 힘들다며 징징대는데 그렇다 할 치적이나 실적물이 없다. 자신의 아픈 속내를 주구장창 늘어놓으며 수다스럽지만 이야기의 요지가 손가락에 걸리지도 않는다.

자기 주관이 뚜렷하지 못하여 부초마냥 시류 따라 흐르는 모습도 안타깝다. 자기 딴에는 흑백으로 양분하지 않고 흑과 백 사이의 다양한 색깔을 포용하는 대인이라 생각하겠지만 요즘처럼 '예, 아니요.'가 분명한 시대에는 가당찮은 발상이다. 마음은 또 얼마나 변덕스러운지. 본인이 심사숙고해서 선택한 일이나 물건에 대해 쉽사리 애착을 가지지 못한다. 눈길은 자꾸만 선택하지 않은 어딘가로 헤매고 있다. 그 선택이 최선이었을 텐데도 나에게 물어보고 괜찮다는 확신을 받아야 표정이 펴진다. 걱정은 왜 그렇게 많은지. 걱정을 해서 걱정이 사라진다면 걱정 안 할 사람이 어디 있으랴. 그런데 눈앞의 행복은 걷어서 뒤에 밀쳐두고 보이지 않는 걱정거리를 이 잡듯 미리 찾아내 긁어서 부스럼을 만든다.

내 친구는 아이 같다. 겉모습이 아니라 내면에 어린아이가 살고 있는 것 같다. 시인 릴케는 "모든 사람 안에는 사랑받고 싶어 하는 아이가 숨어 있다."고 했다. 어떤 학자는 '내면아이'라고도 불렀다. 이는 어린 시절의 상처가 어른이 된 지금까지 아물지 못하고 당시의 상황대로 고착이 되어 현재 삶에 진정한 행복을 느끼지 못한다는 말이다. 내 친구는 어떤 트라우마가 있었는지 모르지만 타인의 관심에서 멀어지고 잊혀질까 늘 전전긍긍 하는 모습을 보인다. 예전엔 어린아이의 '세상에서 누가 제일…?'이라는 질문에 답변이라도 하듯 마음속으로 기준에 따라 서열 매기기에 분주했단다. 다행인 건 나이가 들면서 호불호의 경계가 낮아지고 허물어지면서 두루뭉술해진 덕분에 행복감마저 느낀다고 했다.

내치기엔 너무 여려서 계속 친구로 지내기로 했다. 요리비법을 공유하거나 맛집 탐방, 독서, 쇼핑, 운동을 함께하고 내 지인들 모임에 동행하여 소개시켜주기도 했다. 기도문을 리듬 붙여 앞서거니 뒤서거니 읊조리는 동안 우리는 또다시 하나가 되는 듯했다. 그러나 생각하여 보듬어주었더니 이젠 되레 눈을 내리깔고 도긴개긴인 비루한 삶 조각을 들추며 나에게 잘난 체를 한다. 뭐, 학창시절에 공부를 좀 했다는 둥 인기가 있었다는 둥…. 확인할 수 없고 거기까진 다들 하는 소리라 괜찮은데, 가관인 것은 자신의 리즈 시절에 세기의 미녀 오드리 헵번이나 다이애나 황태자비를 닮았단 소리를 듣기도 했단다. 어느 구석에 찔끔이라도 비슷한 면이? 기가 찼다.

"야, 너 제정신이냐? 어따 비교를 하고 있나? 제발 주제 파악 좀 해라."

라고 말하고 싶었지만 꾹 참았다. 마음이야 머리 한 대 쿡 쥐어박고 싶지만 진실을 말하면 쥐꼬리만 한 자존감조차 사라질까 아니꼬워도 속으로 삼켰다. 소심하고 여린 그 친구를 생각하니 가슴이 아려왔다. 내가 좀 더 챙겨주고 따뜻하게 위로해주어야 하겠다. 말이 난 김에 저녁 식사에 초대해야겠다. 함께 독서도 하고 명상도 해야지. 집 청소부터 시작했다.

청소기를 돌리다 딸랑딸랑하는 소리에 눈이 갔다. 청소기에 부딪혔나 보다. 목각 피에로가 나를 보고 한껏 웃고 있다. 오목주발같이 복스럽고 인심 두둑해 보이는 볼록한 몸통이 눈에 먼저 들어온다. 곧 쓰러질 듯 좌우로 크게 흔들린다. 빛나는 작은 눈, 귀여운 빨간 코를 가진 하얀 얼굴의 피에로가 베레모를 쓴 채 까딱거린다. 교대식을 하는 병사마냥 두 팔이 절도 있다. 세차게 쓰러뜨려도 오뚝오뚝 똑바로 서는 오뚝이처럼 살자며 작은 딸내미가 구해온 인형이다. 정신이 번쩍 들었다. 먹먹하던 가슴이 오뚝이의 몸짓에 스르르 풀어진다. 지난 일은 잊고 다시 일어나라 한다. 쓰린 속을 다 알고 있다는 듯 꼬마 피에로는 나를 향해 찡긋 웃는다. 엉킨 마음의 실타래가 있어도 찬찬히 풀어보라고 웃으며 응원한다. 인생의 무게 중심을 오뚝이처럼 아래로 묵직하게 둔 채 안정된 마음으로 조용히 헤쳐가라는 말 없는 말로 이른다.

짐작들 하셨겠지만 그 친구는 하나밖에 없는 '가녀린 나' 자신이다.

덕분에

호랑나비 한 마리가 눈앞에서 어른거린다. 사라졌나 싶으면 어느새 날아와 우아한 날갯짓으로 주변을 맴돈다. 쫓아내려 손바람을 일으켜보지만 미동도 하지 않는다. 어쭈, 이제는 내 어깨 위에서 날개를 접는다. 온몸을 흔드니 마지못해 일어나 쓰고 있던 모자의 챙 끝으로 화려한 이동을 한다. 급기야 장갑을 낀 손등에 내려앉는다. 외면하는 시선을 끌기 위해서인지, 시들시들 호박꽃도 화란춘성으로 여기는지 알 수 없다. 그렇게 조심스러운 동행이 시작되었다.

'인생이 막 재미있어지기 시작했다.'는 광고 문구가 가슴에 와닿는 요즘이다. 전국의 안방극장을 사로잡은 감성 장인이 모델이다. 남녀노소 할 것 없이 가슴앓이를 할 정도로 인기 절정을 누리고 있는 신예 가수의 도발적인 눈빛과 목소리가 내 생각을 대변하는 것 같기도 하다. 이제야 비로소 까치와 딱새 소리가 들리고, 타는 기름종이마냥 붉게 하늘거리는 꽃양귀비도 보인다. 여러 갈래 엿가락을 꼬아 올린 듯 매끈한 배롱나무에는 풍성한 백일홍이 군무를 이룬다. 길섶 돌 틈을 비집고 피어오른 보랏빛 엉겅퀴에도 박수를 보내게 된다.

눈길 머무는 곳 모두가 꽃길이요 무릉도원 같기만 하다. 드넓은 산허리에 기다란 초록 융단을 깔아놓은 듯 윤기 반지르르한 잔디가 손짓한다. 앞뒤 잴 것 없이 무작정 초원의 품으로 뛰어들었다. 틈새 없이 빼곡하게 자라난 싱그러운 잔디를 마음껏 누빌 수 있는 시간이 벅차기만 하다. 공을 쏘아 올린다. 새하얀 공이 포물선을 그리며 허공을 가로지른다. '굿샷!' 외치는 동반자들의 추임새에 어깨가 으쓱해진다. 평소 같으면 쳐올린 공을 찾아 빠르게 걸어가련만 오늘은 당분간 포기했다. 따라다니는 호랑나비 때문이다. 신기하게도 녀석은 내가 샷을 할 때는 저만치 물렀다가, 마치고 나면 다시 어깨나 손등에 달라붙었다. 할 수 없이 함께 골프장 카트를 타고 이동하게 되었다.

"회원님, 잘하고 있어요. 스쿼트는 무릎을 굽히기 전에 엉덩이를 먼저 뒤로 쭉 뺀다는 생각으로….” 젊은 헬스 트레이너의 시원시원한 목소리가 시린 무릎을 편안하게 한다. 운동을 할 때면 나도 모르게 긴장하여 몸에 힘이 들어갔다. 한 마디로 힘쓰는 방법을 모르는 것이다. 우선순위가 무엇인지 생각하고 그곳에만 집중하게 되면 필요 없는 다른 근육의 에너지 소모를 막을 수 있고 몸의 피로도도 적어진다는 것을 깨우치는 중이다. 난생처음으로 헬스 개인지도를 받게 되었다. 운동도 처음이지만 나를 위해서 돈을 투자하고 정기적으로 시간을 할애한다는 것이 꿈만 같다. 등록 첫날부터 회원님으로 불리는 것도 감개무량했다. 저녁 시간임에도 불구하고 흔쾌히 승낙하고 회비까지 쾌척해준 남편이 새삼 고맙다.

짐볼에 의지하는 초기 동작을 시작으로 점차 근력 강화를 위해 무거운 기구 사용으로 확대되었다. 덤벨을 들고 전신거울 앞에 섰다. 거북목에다 울퉁불퉁한 옆모습이 영락없는 중년의 아낙이다. 등줄기는 굽었고 승모근은 세월의 무게에 못 이긴 채 솟아 있다. 그러나 여러 기구를 사용하는 중량운동에 익숙해질 무렵 지인들이 먼저 알아챘다. 불룩한 어깻죽지 살을 어떻게 줄였냐고 한다. 관절염을 달고 있던 무릎이 부드럽다고 느끼던 참에 바깥으로도 표가 난다고 하니 성공이다. 이제는 등 접기를 제법 잘 할 수 있게 되었다. 등줄기를 세로로 접어 세우는 과정 하나하나가 곧 뒤따를 결과를 기대하면서 매 순간 집중하는 삶의 여정 같다.

'나쁜 자식이란 나뿐인 자식, 즉 본인의 일신 하나만 생각하는 자'라고 명쾌하게 뜻풀이를 하는 지인 선생의 생각에 적잖은 충격을 받았다. '나쁜'은 '좋은'에 맞서는 형용사로만 생각해왔다. 예전에는 자신의 삶에 안간힘을 다하는 사람을 '자기밖에 모르는 이기적인 자'라며 삿대질을 해댔다. 그러나 그것이 결코 나쁜 것만은 아니라는 걸 절감한다. 오히려 '나뿐인 자'로서의 '나쁜 자'는 심심찮게 장려되고 있다. 흔히 듣게 되는 "너만 행복하면 된다."는 말속에는 너 자신의 행복 추구에 힘쓰라는 무언의 메시지가 담겨 있다. 사람은 누구나 자신에게 충실할 때 비로소 살맛을 느끼게 된다. 타인의 강요가 아닌, 자신의 의지와 선택에 따라 움직일 때 가장 행복하다. 그것이 설령 실패로 끝난다 해도 본인이 결정했기에 원망을 하거나 억울해하지 않고 미련 없이 묻어두게 된다.

덕분에 기꺼이 '나쁜 자'가 되려고 한다. 골프공을 올려놓고 티샷 준비를 한다. 원하는 위치로 최대한 멀리 보내고 싶다는 기대 못지않게 팽팽한 긴장감이 앞선다. 채의 헤드 중앙 부분이 올라갔던 궤도대로 내려와 정확하게 공을 타격하면 좌르르 전율이 흐른다. 샛별을 보며 나온 한나절의 시간이 아깝지 않다. 마찬가지로 헬스장의 중량운동 기기 앞에 서면 긴장으로 한숨이 나온다. 그러나 준비운동으로 마음을 일깨우고 근력운동으로 땀방울이 맺히며 마무리 러닝머신으로 걷기를 하는 동안 나를 시험하는 내공 쌓기가 계속된다. 골프든 헬스든 모두

초집중과 정확한 자세를 요한다. 운동 자체도 만만찮지만 준비 과정과 마무리도 복잡하다. 그러나 스스로 선택한 것이기에 그지없이 만족한다.

신경 쓰이게 하던 호랑나비 덕분인지 드라이버 샷이 꽤 괜찮았다. 스윙할 때 아무리 노력해도 되지 않던 머리 고정이 가능해진 것이다. 녀석이 모자 위에 앉아있으니 중심축이 흔들리지 않도록 바짝 신경을 써야 했고, 결과적으로 타점 적중도가 높아진 것이다. 항해하는 선박에는 무게 중심을 잡기 위해 바닷물로 채운 평형수를 곳곳에 둔다고 한다. 결코 저항 없이 자유로운, 텅 비고 가벼운 배가 안전한 게 아니라는 것이다. 사람도 세파를 겪으며 내공이 튼실해지는 것 같다. 나비 평형수 덕에 마음을 다지는 하루가 되었다.

원하든 원치 않든 살면서 맞닥뜨리게 되는 인연이 때때로 신의 한 수가 되기도 하는 법. 가족과 주변 덕분에 삶의 평형수를 스스럼없이 품어 안는 '나쁜 사람'으로 자리매김하고 있다. 초가을 재미에 푹 빠져 든다.

동네 목욕탕

'남자는 자기 동굴로 들어가고 여자는 동네 우물가로 간다.'는 말이 있다. 이는 스트레스를 받았을 때 성별에 따라 어떻게 대응하는지를 말해주는 재미있는 표현이다.

남자는 시간이 흐를수록 한 곳에만 집중하며 깊이 움츠러드는 반면, 여자는 더욱 감정이 분화되면서 스트레스를 밖으로 분출한다. 기분을 푸는 방법도 남자들은 문제를 해결하여 그 긴장을 해소하는 반면, 여자들은 자신의 감정을 타인에게 이야기하면서 풀어낸다. 물론 모두가 그렇지는 않다. 남자가 수다스러워지거나 여자가 과묵해지는 등 예외도 있다.

먹을 물을 구하기 위해 이른 아침 동네 우물가를 찾던 옛 여인들의 걸음과 말 보따리는 시대에 따라 동네 목욕탕으로 옮겨졌다. 여탕은 늘 붐비고 시끌시끌하다. 아침잠이 없는 어른들은 일찌감치 목욕 바구니를 들고서 문이 열리기를 기다린다. 출근을 앞둔 직장인들은 잰걸음으로 서두른다. 이윽고 앞서거니 뒤서거니 전업주부들이 눈도장을 찍으며 들어서면 목욕탕은 금세 시끌벅적한 현대판 우물터가 된다. 지방방송이 많을수록 목청은 올라가고 곳곳에선 감탄사와 웃음보가 터진다.

동네 목욕탕은 서로 이웃하다는 이유만으로도 금세 형님과 아우가 되고 언니와 동생이 된다. 누가 먼저랄 것도 없이 소소한 일상에 대해 말주머니를 터뜨리면 주변에서 한마디씩 거든다. 말할 거리는 다양하다. 코로나19 사태로 사회적 거리두기 차원에서 한동안 폐쇄되었던 목욕탕이기에 밀린 이야기는 끝이 없다. 골치 아픈 정치 뉴스부터 전염병 걱정, 트로트 스타들이 주는 감동, 아파트 관리 현황, 가족 이야기, 쇼핑 할인 행사, 미용, 요리 방법 등이 주류를 이룬다. 무표정한 얼굴로 생각 없이 앉았다가 건네받는 겉치레 인사말에도 감동받는다. 덤으로 받은 등밀이 품앗이에 몸이 개운해지고 생생한 정보까지 얻으니 아침부터 활력이 생긴다.

목욕을 강조한 어느 명사의 말이 떠오른다. 한국이 낳은 세계적인 철강왕이 생전에 직원들에게 했던 일화는 유명하다. "깨끗한 몸을 유지하는 사람은 정리, 정돈, 청소의 습성이 생겨서 안전 예방 의식이 높아지고 최고 제품을 생산할 수 있다."고 강조하며 목욕을 독려했다. 물자가 귀하던 그 시절에도 현장에 샤워 시설을 완비했다고 한다. 또한 직원 부인들에게도 목욕 문화를 권장했다고 전해진다. 주부가 목욕을 통해 심신이 안정되면 가정도 평화로워지고 일하는 남편에게도 덜 닦달한다는 생각이다.

"아우님, 5분 뒤에 바깥 라커룸에서 잠깐만 좀 볼까?"

반신욕 중에 누군가 등을 톡톡 두드린다. 돌아보니 가끔씩 뵌 적 있는 인상 좋은 어르신이다. 아침반 멤버는 아닌데 그날은 일찍 오신 것이다. 내 친정어머니보다 너덧 살 적은 걸로 기억된다. 언젠가 옆자리에서 등을 두어 번 밀어드린 적 있지만 딱히 친분이 있는 것은 아니었다. 목욕탕 특성상 안면을 트고 나면 두루뭉술하게 가벼운 이야기는 나누지만 돌아서면 각자의 삶에 집중하느라 동년배라도 따로 만나 밥을 먹거나 차를 마시는 것이 쉽지 않다. 영문을 몰라 어리둥절하다가 궁금증을 못 이겨 곧장 뒤따라 나갔다.

그분은 어느새 옷장에서 뭔가를 꺼내어 환한 표정으로 품어 안고 다가왔다. 언뜻 보니 각지고 빳빳한 하늘색 표지가 학창 시절의 졸업앨범과 흡사하다. 뜨악한 표정의 나에게 "이거 별거 아니지만 아우님한테

하나 주고 싶었다우." 하면서 내밀었다. 얼결에 받은 선물의 표지를 급하게 열었다. 작가의 말과 함께 그녀의 명함판 사진이 멋스럽게 실려 있다. 팔질八耋 기념 서화집이다. 단아한 모습의 그분은 경력과 수상 실적이 화려한 동양화가였다. 먹의 농담과 여백의 미를 한껏 살린 수묵화와 사군자, 서예 작품들이 가히 수준급이다. 작품을 보니 얼마나 오랜 세월 고뇌하고 노력하였을지 가늠조차 하기 힘들었다.

'늙을 준비를 하라.'는 화보 작가의 말이 뇌리에서 메아리친다. 정작 본인은 늙을 준비를 제대로 못했다며 여든에 서화집을 내고도 겸손해하신다. 아흔 때는 서양화가로서도 주목받고 싶다고 한다. 주위를 돌아보니 모두가 자기 인생의 승자로 보인다. 일흔다섯에 트로트 가수로 데뷔하여 텔레비전에도 나오고 지역 행사에도 초대받는 살가운 성님이 옆에서 푸근한 얼굴로 미소 짓고 있다. 예순 넘어 세계적인 머슬퀸으로 자리매김한 몸짱 이웃도 있다. 그 외 가족을 잘 건사했거나 자기 관리에 철저한 주부들, 전문 직종이나 개인 사업에 매진하여 성과를 이룬 주변인을 바라보다 평범한 나를 마주하니 초라하고 서글퍼진다. 내세울 이력도 없고 몸은 여기저기 고장난데다 마음마저 인색해지고 있다. 한 마디로 건강하게 늙을 준비가 되어있지 않은 것이다.

동네 목욕탕은 몸을 청결히 하는 곳이지만 마음의 때를 씻는 곳이기도 하다. 웬만한 스트레스는 훌훌 날아가고 해묵은 마음의 어혈도 흐물흐물 녹아내린다. 뿐만 아니라 하소연과 맞장구로 근심을 떨쳐낼 수 있는 상담실과 해우소 역할도 한다. 물론 멘토와 멘티는 늘 바뀐다. 마음의 빗장이 풀리면 비밀스러운 걱정거리가 나만의 문제가 아니라는 걸 금세 깨닫게 된다. 서로의 삶을 보듬고 추켜세우며 타산지석他山之石으로 삼기도 한다.

오늘도 나는 목욕 가방을 챙겨 집을 나선다. 고즈넉한 여명의 바람결로 에어샤워를 하고 반신욕으로 건강과 친목, 정보를 챙겨 잘 늙기 위해서이다.

인생나무

거실 식물에 물을 준다. 가만히 말을 건네기도 한다. 해피트리에게는 낯선 환경에 잘 적응해주어 고맙다고 했다. 지난해 작은딸 생일 선물로 사준 것이기에 더 마음이 쓰인다. 한솥밥 먹던 식구 절반이 스러진 동양란을 쓰다듬는다. 화답이라도 하듯 몇 가닥 남은 초록 잎새가 우아한 획을 긋는다. 물러진 잎자루에 중심을 못 잡는 금전수가 걱정이다. 지지대를 꽂아 추스르며 재생하길 부탁해 본다. 키우면 돈이 들어온다는 속설 따라 우리 집과 나라 살림살이가 나아지기를 축원한다.

집주인이 바뀐 커다란 화분 앞에서는 한참을 머무른다. '영구불변'이라는 꽃말이 무색하리만치 너무도 빨리 사라진 극락조다. 텅 비었던 분화구에는 새 식구가 터전을 잡았다. 다섯 알 도토리가 머리를 맞대고 있다. 지난가을 산길을 걷다 길가에서 주워온 것이다. 어느 날 정체를 알 수 없는 새싹이 나오나 싶더니 어느새 한쪽 귀퉁이에 둥지를 틀어 올렸다. 놀랍게도 무리 중 도토리 한 알이 아무도 모르게 촉을 틔워 어엿한 식물로 키를 올리고 있었다.

퇴근해온 남편 얼굴이 어둡다. 좋아하는 된장찌개와 무생채를 올렸건만 생각에 잠긴 숟가락은 더디기만 하다. 전에 없이 수심에 찬 기색이어서 선뜻 물어보기가 망설여졌다. 자식들 일이라면 엄마인 내가 먼저 알게 되어 있으니 회사에 큰 문제가 있나 싶기도 했다. 그것도 아니라면 시어머니와 관련된 일이라는 짐작이 들었다. 한참을 뜸들이던 남편은 어머니가 치매 증상이 심하여 요양병원에 모셔졌다고 했다.

죄송했다. 우리 집에 또 다른 환자가 있어 대수술로 인해 내가 함께 입원하다시피 하던 시기였다. 어머니를 돌볼 여력이 없어 남편이 형님들께 부탁드렸는데 치매 증상이 감당하지 못할 만큼 심해지셨던 모양이다. 끝까지 모시지 않는다며 나에게 노여워하시던 모습이 못내 가슴을 아리게 한다.

어머니를 뵈러 요양병원에 갔다. 얼마 전 면회 때와는 사뭇 다르다.

중증 치매의 길목에 있는 어머니의 표정은 힘없이 말갛고 공허함으로 가득했다. 노여움조차 사라졌다. 인지력이 하루가 다르게 뚝뚝 떨어지고 있다. 반평생 어머니와 함께 살아온 셋째 며느리를 알아보지 못하신다. "네가 첫째 며느리제? 둘째? 셋째인가? 내가 아들이 넷이 있는데…."

말문이 막혔다. 메마른 손을 부여잡으니 더욱 울컥해진다. 얼마 전까지만 해도 목소리에 힘이 실리던 어머니셨는데 하루아침에 무너지나 싶었다. 젖은 눈으로 되뇌시던 손자손녀들, 절대 잊지 않던 우리 아이들 이름까지 가물가물하신다. 그러나 마음 모아 성호 긋는 것은 잊지 않으신다. 병자를 위한 봉성체를 어머니와 함께 다니던 우리 성당에 요청했었다. 고맙게도 병원이 속한 관할구역 성당에서 신부님이 방문하셨다. 수녀님들과 함께 오셔서 기도를 해주시면 어머니는 그분들 손을 잡고 연신 감사의 말을 전했다.

어머니는 원래 연중 한 번 절에 다니는 속칭 초파일 신자셨다. 어느 날 여느 일요일처럼 성당의 주일미사를 보기 위해 집을 나서는데 어머니가 불러 세웠다. "성당에 가면 좋나? 나도 따라가도 되나?" - 당연하죠. 어머니, 근데 절에 다니시잖아요? - "괜찮다. 한집 식구는 종교도 하나이면 좋잖아. 내가 성당에 갈게." 며느리의 종교를 운운하기 전에 고맙게도 당신이 먼저 개종을 선포하신 것이었다. 이후 예비신자로서 궂은날에도 빠짐없이 교리교육을 받으셔서 세례식 때는 개근상까지 받으셨다. 낯설기만 하였을 당신의 세례명이 좋다며 혀를 굴리며 스스로 호명하기도 하였다. 미사의 시작과 마지막 의식인 십자 모양으로 성호 긋기를 할 땐 너무 경건한 모습이라 차마 옆에서 손가락 하나 까딱일 수 없었다. 귀갓길에 신부님의 강론 말씀을 쉽게 풀이하여 설명해드리면 고개를 끄덕이시고 기도문을 선창과 후렴으로 함께 읊조리기도 했다.

어머니는 추석 명절 무렵이면 곧잘 고향을 방문했다. 사회성이 좋은 어머니는 마을 사람들과 스스럼없이 잘 어울렸고 함께 뒷산에 올라 도토리를 주워 오기도 하셨다. 며칠간 햇살이 잘 드는 베란다에서 말린 후 곱게 갈아서 묵을 만들었다. 도토리 풀이 솥 바닥에 눌어붙지 않도록 기다란 나무 주걱으로 무시로 저어야 했다. 어머니와 나는 번갈아 가며 젓기로 했는데 나에겐 뜨겁다며 주걱을 건네주지 않으셨다. 며느리가 미안해할까 봐 나이가 드니 피부가 두꺼워져 덜 뜨겁다는 말씀과 함께. 펄펄 끓는 도토리 풀을 옮기는 것은 내 몫이었다. 장독 항아리 뚜껑이나 바가지에 쏟아부으면 용기와 똑같은 모양의 도토리묵이 되었다. 말랑하면서도 탱글탱글한 결정체가 신기하여 매번 손가락으로 눌러보기도 했다. 내가 새댁이던 그때는 쌉싸래한 맛이 거슬려 굳이 찾아 먹지는 않았다. 그러나 어머니와 함께 세월을 보내는 동안 나의 입맛도 속 깊은 어머니의 정성에 익숙해져 스스로 묵 가게를 찾곤 한다.

늦가을, 빨갛게 익은 홍시를 구해드리면 함지박 미소를 지으시던 어머니다. 반으로 갈라 숟가락으로 퍼낸 홍시의 달콤함을 당신 자신보다 손주들이 먼저 맛보게 하였다. 그리고 시골에서 생활할 때를 떠올리셨다. 하얀 감꽃이 피면 아이들이 나무 아래로 몰려들어 감꽃을 주워 목걸이를 엮었다거나 발긋해진 감을 따기 위해 기다란 장대 끝을 갈라야 했고 설익은 감을 소금단지에 넣었다는 경험담이 이어졌다.

큼직한 화분에 신의 숨결이 스쳤나 보다. 하루가 다르게 불어난 연둣빛 잎사귀들이 거실로 들어온 햇빛을 끌어모은다. 반질반질 윤기가 흐른다. 투박한 자갈돌 위에 던져진 특별한 도토리가 피워 올린 새순이다. 훗날 제대로 된 떡갈나무의 위상을 발휘하기를 기대해 본다. 소식이 없는 나머지 도토리에게도 머물지만 말고 힘을 내어 뿌리를 내려 보라고 속삭여본다.

우리 집 여건이 좋아지고 어머니의 치매 상태가 호전되면 예전처럼 다시 모일 수 있을까. 코로나로 면회조차 어렵게 되었다. 사회적 거리두기가 해제되면 홍시를 들고 어머니를 뵈러 가야겠다. 어머니가 도토리 새순처럼 낯선 환경에서도 당신의 인생나무를 건실하게 뿌리내리길 빌어본다.

제4부

그곳에
가면

그곳에 가면

'촤아~' 바위산에서 떨어지는 폭포수가 고즈넉한 숲길을 메아리치며 흔든다. 이에 질세라 나뭇가지에 몸을 숨긴 매미가 한 차례 목청을 가다듬더니 저만의 높고 쩌렁쩌렁한 창법으로 거침없이 환영 노래를 뽑아낸다.

청아한 물소리와 나뭇잎을 스치는 바람 소리, 풀벌레와 새소리가 어우러진 이곳에서는 사람도 자연의 일부가 된다. 두메산골 좁은 길은 풀섶에 난 찔레꽃 더미와 양껏 자란 푸른 밤송이들로 아치 터널을 이룬다. 또다시 가파른 오솔길을 지나 튼튼한 울타리로 자리매김한 대나무 군락을 따라서 벼랑길 마지막 모퉁이를 돈다. 덜컹거리며 외딴집으로 연결되는 막다른 길목에 올라서면 어느새 버선발로 나와서 반기는 이 여사님을 발견하게 된다.

이뿔싸, 또 늦었다. 음식 장만을 돕는 건 고사하고 차려진 음식을 함께하기에도 늦어버렸다. 마음먹고 일찍 나섰건만 주말인데다 공휴일과 겹쳐서인지 고속도로 사정이 원활하지 않았다. 두 곳 휴게소를 잇는 구간은 주차장 수준이었고 이동 시간이 평소보다 곱절로 길어졌다. 대접받는 식사 시간조차 제대로 맞추지 못하는 송구함에 연신 길타령만 했다. 그러다 이 여사의 맑은 표정과 시원스러운 한 방 웃음에 걱정을 털어내고 더 이상 눈치를 살피지 않아도 되었다.

그녀는 우리 모녀의 손을 잡고 커다란 밥상으로 이끌었다. 식탁은 이미 풍성하게 차려져 있다. 정성으로 재배한 녹황색 채소들이 야무진 주인의 손맛에 버무려졌다. 먹음직스런 겉절이나 김치, 졸임, 볶음으로 훌륭한 밑반찬이 되어 담겼다. 작은 무쇠솥에서 갓 지어낸 밥을 고슬고슬 풀어서 담아주었다. 뜨거운 김이 피어오르는 밥을 한술 떠서 가지볶음과 길쭉한 열무 짜박이를 한 올 말아 올렸다. 가지의 부드러운 감칠맛과 열무의 쌉싸름한 향이 혀를 감싸자 입 안이 얼얼해지며 감탄이 절로 나왔다.

그러나 주메뉴는 따로 있었다. 바로 전복삼계탕이다. 올해의 마지막 복날이라고 특별히 신경을 쓴 것이었다. 정성이 아우러져 푹 고아진 탕은 일품이었다. 뜨거운 국물을 한 스푼 뜨니 목부터 메어 온다. 얼마 전 초복과 중복에도 삼계탕과 유황 오리탕으로 대접을 받았는데 말복까지 올 삼복더위 내내 융숭한 칙사 대접을 받게 되니 감개무량해서이다. 전복삼계탕을 장만하기 위해 그녀가 조바심을 내며 여러 차례 험한 산길을 오르락내리락했으리라는 것을 알기 때문이다. 튼실한 토종닭을 사려고 미리 아랫마을에 내려가서 주문을 해두었을 테고, 오일장이 서는 날이면 발품 팔아 틈틈이 식재료들을 마련하였을 터이다.

수삼과 황기, 계피, 엄나무 등 한약재를 넣고 얼마나 오랫동안 푹 고았는지 질기기로 소문난 토종닭이 흐물흐물해질 정도로 부드럽고 풍미가 깊다. 그녀는 친동생과 조카를 보듯 흐뭇한 미소로 우리가 허겁지겁 삼계탕 먹는 모습을 지켜보기만 했다. 이미 먹었다며 손사래를 치지만 그녀의 입술은 말라 있고 통닭이 거의 온전한 걸 보면 아닌 게 분명하다. 정말 육류를 좋아하지 않는지 아니면 우리를 위해 양보하거나 삼복더위에 지쳐서 입맛마저 잃어버린 건 아닌지 걱정이 되었다. 그녀는 삼계탕 속 전복을 가위로 잘라서 나의 작은딸에게 건네었다. 입이 짧은 녀석은 음식솜씨 좋고 다정다감한 그녀가 건네는 건 무엇이든 사양하지 않고 먹어댔다. 전복 품은 삼계탕도 두 그릇 뚝딱, 식혜도 두 잔 뚝딱, 찐 단호박도 두 쪽 뚝딱, 콩가루 넣은 숭늉도 벌컥벌컥!

이 식탐과 행복도 이 여사가 있는 이곳이니까 가능하리라.

시원하고 깨끗한 산속 지하수를 끌어올려 설거지를 하노라니 문득 머리맡 시선이 느껴진다. 고개를 들어 쳐다보니 싱크대 앞 쪽창 너머에서 길고양이 두 마리가 동그마니 앉아 간절한 눈빛을 되쏜다. 부엌 밖 수돗가에 놓인 고무 물통을 밟고 올라선 녀석들이 폭 좁은 창틀에 가까스로 걸터앉아 우리 식사가 끝나기를 기다리고 있었던 것이다. 이 여사가 건네주는 음식물 바가지를 들고 나가니 어디선가에서 또 다른 길냥이들이 들이닥친다. 바가지는 나뒹굴고 한바탕 음식 쟁탈전이 벌어졌다. 녀석들도 말복 삼계탕 맛에 흠뻑 빠진 것 같았다.

귀여운 갈색 고양이가 숨어든 밭으로 뒤따라갔다. 그녀의 텃밭은 언제나 정갈하게 잘 가꾸어져 있다. 부지런한 손길에 잡초가 뿌리를 내릴 틈이 없다. 길게 누운 이랑마다 높다랗게 초록 물결이 넘친다. 발길이 먼저 닿는 앞줄은 잘 자란 무공해 깻잎과 콩잎으로 숲을 이루었다. 그녀가 식전에 바로 따서 향긋한 깻잎찜을 해주었던 곳이다. 뒷줄은 주로 양념 재료가 심어져 있다. 텃밭 대부분을 차지하는 튼튼한 고춧대에는 풋고추가 빼곡히 달려있고 양파와 대파, 마늘도 한끝을 장식하고 있다. 이제 곧 수확을 하게 되리라. 그러면 무성한 텃밭은 또다시 낮아지고 갈아엎어져 무와 배추 새싹을 품게 될 것이다.

이 여사의 텃밭은 간간이 우리 집 식탁에서 빛을 발하기도 한다. 비옥한 토양과 오염되지 않은 청정지역의 야채는 아침이슬을 맞아 싱싱함이 비할 데 없다. 고유의 맛과 향은 깊고 강하며 달콤하기까지 하다. 마지막 상추와 치커리를 뿌리째 뽑아주기도 하고 수확하여 말린 구기자며 결명자를 소분해서 나눠주기도 한다. 맛있게 먹으면 애써 담은 김치도 한 통 안겨준다. 참깨로 짠 진한 참기름과 방목하는 촌닭이 낳은 소란을 어렵게 구해 차에 넣어두는 정성이 매번 눈물겹다.

그곳에 가면 따뜻하게 품어주고 환영해주는 이 있다. 생각만 해도 삶의 버팀목이 되어 마음이 푸근해지고 살아갈 힘을 얻게 된다. 먼 길을 마다않고 달려갔다가 언제나 한 아름 사랑을 품고 되돌아온다. 언니로 부르는 늘 고마운 이 여사님 덕분에 오늘따라 유달리 묵직하고 풍요롭다.

괘종시계가 울리던 밤

괴괴한 정적이 어둠 속을 흐른다. 태풍전야처럼 알 수 없는 공포감이 밀려온다. 아이는 손가락을 까딱거려 보고 몸을 뒤척이며 소리도 만들어본다. 응답이라도 하듯 안방 문 여는 소리가 들린다. 마당으로 나온 익숙한 발걸음에 가슴이 철렁 내려앉는다. 대문 안팎을 서성이나 싶더니 혼잣말이 시작되고 성난 목소리는 점점 커져간다. 잠든 마을을 깨우며 분화구처럼 붉은 화를 뿜어내던 남자는 이윽고 방문을 열어젖힌다.

엄마를 찾아오란다. 분을 삭이던 남자는 기어이 아이에게까지 닦달을 한다. 깜짝 놀란 아이는 무작정 방을 뛰쳐나갔다. 날아온 공에 한 방 얻어맞은 듯 어리둥절하기만 하다. 잠시 현재를 더듬어 본다. 칠흑같이 어두운 골목길에 아이의 그림자만 길게 늘어졌다. 두 눈은 긴장으로 커지고 온 정신은 가늠할 수 없는 불안으로 흔들린다. 엄마는 어디로 갔단 말인가.

얼마 전의 일이다. 앞 동네 친구가 시무룩한 얼굴로 찾아왔다. 형제자매와 함께 할아버지, 할머니의 사랑을 듬뿍 받으며 살고 있는 그 친구는 누가 봐도 쾌활한 아이다. 도시에 돈 벌러 간 부모님이 온 날이면 나풀거리는 새 옷을 입고 상큼한 미소로 다가와 친구들에게 과자를 나눠주곤 했다. 그런데 부모님 사이가 좋지 않아 걱정이란다. 자기 집의 비밀인데 아무에게도 말하지 말라면서 부모님이 헤어질지도 모른다 했다. 가족이 떨어져 남이 될 수 있다는 사실이 놀랍기만 했다.

아이 엄마가 장사를 다녀온 날이면 남자의 분노는 커졌다. 한때는 남자도 '잘 나가는 사람' 중 한 명이었다. 훤칠한 몸매와 뚜렷한 이목구비, 해박한 지식과 성실함으로 직장에서도 평판이 좋았다. 알뜰하게 모은 돈으로 도심에 번듯한 집도 두 채나 두었다. 그러나 그 모든 부귀영화는 막내인 아이가 태어나기 전 일일 뿐이다. 당시 관공서에 대형 화재가 있었고 불길은 인근 주택가로 번져 대형 참사가 되어버렸다. 남자의 행복한 시간들도 화마가 삼켜버린 보금자리와 함께 물거품처럼 사라져 버렸다. 가재도구 하나 건지지 못한 채 간이 기차역이 보이는 허름한 시골집으로 옮긴 남자는 억울함에 잠을 이루지 못했다.

가족 간에도 불화가 시작되었다. 착하다고 믿었던 동생의 일탈로 경찰서에 불려 다니기도 했다. 남자는 결국 잦은 결근으로 직장에서 해고되고 말았다. 농사일마저 문외한인 그는 일손이 부족한 농번기에도 부르는 이가 없어 더욱 소심해졌다. 그때부터 식구의 생계는 돈 한 푼 벌어본 적 없는 아이 엄마가 떠안게 된 것이다. 젊은 나이의 실직과 가장으로서의 무능함에 대한 자책감이 생계를 짊어진 아내에 대한 의심으로 번져갔다. 횟수가 거듭될수록 정도는 심해졌다.

그날도 그랬다. 아이 엄마는 새벽부터 밤까지 이어진 보따리상의 피로에 저녁이랍시고 대충 물밥 한 술 떠먹고 깊은 잠에 빠져들었다. 그러나 달콤한 잠은 그리 오래 가지 못했다. 남자의 일그러진 망상은 거친 말과 위협적인 행동으로 나타났다. 아무리 부정하고 이해를 시켜도 오해는 커져만 갈 뿐이다. 사태가 더 커지기 전에 아이 엄마는 자리를 비켰다. 남자가 자식 사랑이 크기에 최소한 아이들에게는 윽박지르거나 내쫓지 않는다는 믿음이 있었기에 홀로 집을 나선 것이다.

네다섯 이랑 텃밭이 딸린 시골 토담집은 나지막한 흙돌담에 둘러싸여 있다. 담벼락을 따라 흐르던 좁고 야트막한 개울물은 가을 가뭄으로 희뿌연 바닥을 보였다. 별빛이 가물거리는 골목길에 우두커니 서 있다가 누군가에게 들킬세라 아이는 깊은 어둠이 내려앉은 그 좁은 도랑으로 내려갔다. 벽에 바짝 붙어 앉아 그림자 속에 자신을 숨겼다. 간간이 뒷집 외양간에서 지푸라기 바스락대는 소리가 인다. 어미 소와 송아지의 졸음에 겨운 울음소리도 엇갈려 들린다. 배고픈 녀석이 잠든 어미의 젖을 찾는가 보다. 희미한 인기척에 머리카락이 쭈뼛 선다. 겁먹은 눈으로 쳐다보니 큼직한 들고양이가 유유히 지나간다. 다행히 아이의 존재를 모르는 듯했다. 별 좋은 날 올라가 놀던 뒷동산에선 부엉이 울음소리도 들린다. 동네에 부엉이도 살고 있었구나…. 주변이 캄캄하여 눈으로 볼 수 없으니 귀가 예민해진다. 저만치서 바람에 뭔가 흩날리기라도 하면 잔뜩 몸을 사리게 된다. 책에서 읽은 도깨비 이야기가 자꾸만 머릿속을 휘젓는다.

불현듯, 부모님이 헤어질지도 모른다며 눈물 글썽이던 누군가의 모습이 떠올랐다. 주사가 심한 아버지 때문에 엄마가 어디론가 떠나버린 아이도 생각났다. 도무지 어른들의 삶이 이해되지 않았다. 부부싸움에 겁먹은 얼굴로 숨죽이며 살아가야 하는 자식들은 무슨 죄란 말인가. 함께 있어 갈등하고 서로 불행하다면 따로 사는 것도 좋겠다 싶다.

그때 어디선가 '뎅~' 하는 소리가 들렸다. 골목길 오른쪽의 김씨 아저씨 집에서 나는 괘종시계 소리이리라. 몇 시인지 손가락으로 세기 시작했다. 손가락 하나 접었을 뿐인데 괘종시계는 딱 한 번만 울리고 잠잠해졌다. 얼마 후 다시 '뎅~' 소리가 들렸다. 갑자기 혼란스러워졌다. 아까도 한 번 치고, 지금도 한 번만 울린다. 아마도 시계가 고장이 난 모양이다. 주변이 희끄무레 밝아진 것 같다. 곧 동쪽 하늘에서 여명이 시작되겠지. 세 번째 괘종시계가 들려온다. 마찬가지로 한 번만 친다. 아이는 어두운 동쪽 하늘을 애원의 눈길로 하염없이 바라보았다.

풀벌레 소리 품은 어둠을 벗 삼아 가만히 웅크리고 있는 것에 제법 적응될 무렵 익숙한 소리가 들렸다. 이번엔 달랐다. '뎅~뎅~' 정확히 두 번을 울렸다. 매 시각 삼십 분이면 한 번, 정각이면 숫자만큼 치는 괘종시계였다. 그랬다. 제일 먼저 한 번 울렸을 때가 밤 열두 시 삼십 분이었다. 이제 겨우 밤 두 시이다. 아아, 언제 따뜻한 이불 속에 몸을 편히 누일 수 있을까. 얇은 추리닝 차림 위로 눅눅하고 차가운 밤이슬이 내려앉았다. 오래 쪼그리고 앉은 탓에 오금이 저리고 아팠다. 어둠이 주는 공포감과 가을밤 추위 속에서도 서서히 졸음이 밀려왔다.

얼마나 지났을까. 두런두런 사람 소리가 들렸다. 아까는 제법 선명하게 보이던 골목끝집 그림자가 흔적도 없다. 또 한 차례 괘종시계는 울렸고 다섯 번을 쳤다. 아, 드디어 새벽이구나. 잘 이겨냈어. 어둠은 남아있지만 무섭진 않아. 안도감이 들자 알 수 없는 눈물이 아이의 뺨을 타고 흘러내렸다.

평소 왕래가 잦던 이웃 아주머니 집에서 밤을 지새운 엄마는 사라진 아이를 찾아 헤매었다. 엄마의 애타는 목소리를 들은 아이는 저린 다리를 매만지며 부스스 일어났다. 엄마가 달려와 아이를 와락 끌어안았다. 잠에서 덜 깬 아버지는 아무 일도 없었다는 듯이 눈을 부비며

헛기침만 해댔다.

지금도 나는 괘종시계를 보면 어린 시절이 떠오른다. 종소리에 맞춰 꼬깃꼬깃 손가락 접으며 어둠을 밀어내던 그 기다란 밤을 잊을 수 없다. 잠결에 쫓겨나와 추위와 두려움에 떨기도 하고, 가녀린 별빛에 가족의 건강과 행복을 빌기도 했었다. 특히 엄마가 우리를 버리지 않길 간절히 바랐다.

앞서 말한 그 아이는 끝내 부모님과 함께 살지 못했다. 가족이라는 이름 아래 젊은 날의 인생을 송두리째 바치며 천륜의 끈을 놓지 않은 우리 어머니가 너무 고마웠다. 어머니의 주름진 얼굴과 거칠어진 손을 쓰다듬노라면 언제나 마음속엔 소낙비가 내린다. 가족 사랑은 컸지만 당신의 출중한 능력과 이상을 다 펼치지 못한 한으로 가족들 마음을 애태우던 아버지는 뇌졸중으로 쓰러져 힘든 투병 생활 끝에 이제는 고인이 되신 지 오래다. 빛바랜 사진 속에 베레모를 멋스럽게 눌러 쓰고 검은 양복을 쫙 빼입은 젊은 직장인이 당당하게 서 있다. 이제야 그 젊은 신사의 속마음이 사뭇 궁금해진다.

진지충

카톡 문자를 썼다가 지우기를 반복한다. 몇 자 되지 않지만 다시 훑어본다. 전송 버튼을 누르는 손가락이 슬며시 떨린다.

전화가 아닌 문자라서 신경을 쓰는 건 아니다. 무례하다는 비판을 들을까 걱정하는 것도 아니다. 거절하기 곤란한 큰 부탁을 들어주십사고 부탁하는 내용은 더더구나 아니다. 그런데도 한 자 한 자 신중을 기해 새겨 넣는다. 전송 후면 몸과 마음이 괜히 움츠러든다. 상대는 깍듯이 예의를 지켜야 하는 웃어른이나 옛 직장 상사가 아니다. 아이러니하게도 바로 우리 집 아이들이다. 어떤 이는 부모가 왜 자식들 눈치를 보는가 하리라. 그러나 '치킨파티' 일로 자식들과 눈높이를 맞추기 위해서 노력해야 하는 과정이라 생각한다. 녀석들이 요구하는 '요점만 간단히'를 위해 기다란 나의 인사치레 꼬리를 말아 내린다.

예전에는 대화방 시작의 첫 문장을 '사랑하는 딸들, 아들'로 시작했다. 그다음 문장부터는 본론 내용을 담곤 했다. 휴대폰의 작은 액정을 실눈으로 들여다보며 '어디인지?', '밥은 먹었는지?'를 묻거나 '일찍 귀가하라.'고 당부한다. 또한 '국 데워서 먹어라.' 하거나 '게임을 적게 하라.' 등 하고 싶은 말을 깨알처럼 새겼다. 마무리 역시 '사랑한데이^^'를 쓰곤 흐뭇한 마음으로 전송을 눌렀다. 장문의 문자에 대한 답은 지극히 간단하다. 'ㅇㅇ'이 전부다. 그것도 귀찮으면 '예, 아니요.'를 'ㅇ' 또는 'ㄴ'으로 보내온다. 심지어는 내용 확인만 하고 무반응도 일쑤다.

'치킨파티'는 어느 주말 저녁에 있었다. 모처럼 우리 집 세 아이들과 한자리에 둘러앉았다. 들고 나는 시간이 조금씩 달라 한집에 살아도 식탁에 모여 앉기는 오래간만이다. 머그잔에 음료수를 따라서 '가족의 행복을 위하여' 하고 건배를 했다. 마지못해 잔을 든 녀석들의 입가에 못마땅한 미소가 흐른다. '이런 형식이 꼭 필요하나요? 이해할 수 없어요.' 하는 무언의 말을 모른 척했다. 어색한 침묵도 잠시, 각자 앞 접시에 치킨을 덜어서 신나게 먹기 시작한다.

마침 텔레비전에서는 아나운서가 고장별 축제에 대해 안내하고 있었다. 벚꽃이나 튤립, 유채꽃 축제와 봄나물 축제, 주꾸미나 멸치 축제 등등…. 영상을 보면서 우리는 봄꽃의 화려함과 햇나물의 싱그러움에 감탄했다.

"엄마, 우리도 저곳에 한번 가볼래요?" 작은딸이 말한다. "저곳은 너무 먼데?", "나는 안 갈래." 세 녀석이 제각각 말을 뱉는다. 그러다 막내인 아들이 오늘이 며칠인지 묻는다. 내가 대답했다. "○월 ○일이다. 세월 참 빠르지? 새해 되었다고 떠들썩하던 때가 엊그제 같은데 벌써 일 년 중 사 분의 일이 지나가 버렸네." 여기까지는 괜찮았다. "딱히 해놓은 것도 없는데, 인생이 좀 허무하네. 얘들아, 너희는 그렇게 안 느끼니? 시간은 정말 귀하고 소중한 거다. 보물이라 생각하고 알차게 보내라. 그리고…."

그때 첫째인 큰딸이 장난스레 웃으며 말허리를 자른다. "엄마, 됐습니다. 며칠인지 물으면 '며칠이다.'고만 하면 되는데 왜 인생으로 연결을 시켜요? 또 우리에게 무슨 훈계 하시려고.", "…." 말문이 막힌다. 그때 아들이 한 수 더 뜬다. "엄마, 무엇이든 단순하게 받아들이세요. 깊이 생각하지 말고. 중요하지 않은 일에 마음 쓰지 마시고요. 누군가의 질문에는 단답형으로 답하면 됩니다요." 그러면서 요즘 이삼십대 젊은이들이 선호하는 대인관계 방식에 대해 이야기해 주었다. 대화나 문자를 주고받을 때 거두절미하고 핵심만 간단히 하기를 원한다고. 그들이 꺼리는 부류의 사람들이 있단다. 바로 매사에 신중하고 진지한 사람. 그런 이를 요샛말로 '진지충'이라고 한단다. 그러면서 "엄마가 꼭 그렇다는 건 아니지만 참고하세요." 한다. 얼마나 진지하고 신중한 사람이 싫었으면 벌레를 뜻하는 '충'을 넣어 거리를 두려 할까.

녀석들의 협공은 계속되었다. 교훈 섞인 말투뿐만 아니라 휴대폰 문자 보낼 때도 어린아이 대하듯 한단다. 표현이 너무 오글거린다거나 지나치게 형식을 갖추니 읽기가 불편하다는 둥. '녀석들아, 결국은 내가 진지충이란 말이지….', '이러려고 엄마가 되었나.' 마음이 답답하고 울적해졌다. 빈둥대는 녀석들에게 진짜 하고 싶은 말은 꺼내지도 못하고 역공을 당하니 억울한 마음마저 들었다.

눈치 빠른 작은딸이 잽싸게 위로해왔다. 내가 들려준 경험담이나 예화가 뭔가를 결정할 때 도움이 되어 좋았단다. 둘째의 즉흥 위안이 없었다면 아마도 자리를 박차고 일어났으리라. 뒤늦게 큰딸과 아들도 수습하느라 겉치레 말을 늘어놓는다.

시간이 흐르자 뿌연 안개로 혼돈스럽던 마음이 점차 맑아졌다. 녀석들의 일침도 말갛게 들여다보게 된다. 그래, 녀석들과는 세대가 다르고 시대도 바뀌었다. 인정해야 한다. 중요하게 생각하던 '타인 우선'의 덕목 가치도 '나의 행복이 먼저'로 순위가 달라졌다. 자식일지라도 '그들 행복이 먼저'인 타인이다. 평온한 그들 감정과 정서에 격랑이 일지 않도록 부모로서 말과 행동 그리고 글자에서조차 눈높이를 맞춰야 하겠다. 시크하게 그리고 요점만 간단하게. 요청하지 않을 때의 충고는 간섭에 불과하다는 걸.

치킨은 이미 식어버렸다. 더 이상 튀김옷이 바싹대지도 않는다. 짭조름한 치킨 순살이 입안에서 까끌까끌 맴돈다. 삼키지도 뱉지도 못하고 머금고만 있다. 마치 내가 살아온 '맹목적 순종' 시대와 우리 아이들이 살아가는 '합리적 반항' 시대를 견주며 선택의 기로에 선 내 마음처럼. 어정쩡한 내 모습과는 달리 그들은 언제 그랬냐는 듯 '아무 말 대단치'를 하며 폭풍흡입 중이시다.

집으로

커피를 한 잔 타서 식탁에 앉는다. 그윽한 아메리카노 향이 코끝을 자극한다. 깨끗해진 식탁이 더없이 널찍하게 보인다. 방금 전까지 복잡하고 분주하게 돌아가던 곳이다. 적어도 반나절은 나만의 공간이다. 텔레비전 채널을 마음 내키는 대로 바꾸어가며 천천히 커피를 마신다. 고즈넉한 아침의 여유를 즐긴다.

전업주부로 돌아앉은 지 어언 몇 년 되었다. 처음엔 아쉽기도 했지만 지금은 무거운 짐을 내려놓아 홀가분하다. 시간에 쫓기지 않으니 마음이 느긋하고 평온하다. 가족들 끼니와 건강에 더 신경을 쓰고 작은 시비는 웃으며 넘기게 된다. 피곤할 때는 잠시 소파에 몸을 누일 수 있어 좋다. 전화기로 때와 장소에 구애받지 않고 마음껏 수다를 떨기도 한다. 밝은 대낮에 재래시장을 활보하거나 산책하기도 한다. 그간 일에 파묻혀 하늘도 제대로 못보고 살았음을 새삼 깨닫는 요즘이다.

그러나 일에서 손을 뗀다고 해서 시간이 무한정 남아도는 것은 아니었다. 마냥 자유롭고 편안한 생활만도 아니었다. 연습하지 않은 제2의 인생이 기다리고 있었다. 가만히 있어도 매듭 잃은 시간은 물 새듯 줄줄 흘러갔다. 아무 성과도 없이 흐르니 안타까움에 몸서리가 쳐졌다. 생각도 행동도 바닥에 번지는 물처럼 흐트러졌다. 존재 가치가 사라졌다는 공허함과 허무함이 엄습했다.

정신을 바짝 차려야만 했다. 자신을 어영부영한 상태로 내팽개쳐 두어선 안 된다고 스스로 다독였다. 내가 어떤 감정을 취하는가에 따라 자신뿐만 아니라 일을 던지고 선택한 가족들의 심리에도 영향이 가기 때문이다. 그래서 은퇴 후의 삶을 위해 매뉴얼을 세워보았다. 전업주부로 살아가는 데에는 또 다른 능력이 필요하다. 30여 년 다니던 직장보다 더 다이내믹하고 굵직한 미션들이 기다리고 있었다.

먼저, 역할이 줄어들면서 수시로 무기력하게 주저앉는 아픔을 감내해야 한다. 꼭두새벽에 일어나 아침 식사와 출근 준비로 부산하게 움직이던 추억은 허허로운 마음속으로 말아 넣는다. 자연스레 발동되는 직업의식에서 뭔가 비판이라도 할라치면 현실 속 이방인이 되었음을 인지하고 침묵하게 된다. 외부로 향하던 관심과 시선도 거두어들여야 한다. 바쁜 걸음은 천천히, 뜨거운 열정은 급하게 식히는 것이 좋다. 어중간한 나이의 명퇴자에겐 서글픔이기도 하다.

전업주부들을 사귀고 함께 어울려 사는 방법도 고심해야 한다. 관심거리 자체가 서로 다르다. 업무에 비중을 두는 직장인들과 달리 전업주부들은 가족과 가사, 자기 관리 등에 관심이 많고 그것이 종종 화제의 중심에 오른다. 어느 쪽에서도 내세울 게 없는 나로서는 딱히 제공할 정보가 많지 않다. 그러니 흥미로운 기사나 주변 정보에 관심을 기울이고 경청을 하게 된다. 잊어버릴까 봐 학생처럼 배움의 자세로 노트에 정리하는 일도 잊지 않는다.

새로운 생활패턴을 받아들이기 위해서는 기존의 나를 재부팅해야 한다. 호흡을 가다듬은 후 피곤하다는 핑계 속으로 꼭꼭 숨어버린 부지런한 나를 찾아본다. 깔끔하고 정갈한 속성 위에 쌓인 묵은 먼지도 떨어낸다. 그동안 대충 돌보던 삶의 터전은 이제 내가 머무는 공간 전부가 되었다. 전업주부가 가꾸는 집이기에 더욱 깔끔하고 아늑한 공간으로 만들어야 마땅하리. 먹고 자는 곳이 집이라는 고정관념과 뒤로 미루어두는 정리정돈의 실천력을 리셋하고 재부팅하는 노력이 필요하다.

백수로 전락되면서 지인들의 도움 요청에 즉각 달려가는 스페어

대기조 인생에도 익숙해져야 한다. 가족 친지의 병원 진료에 동행하고 주변을 살뜰히 챙겨야 한다. 때로는 전용 운전기사가 되기도 하고 은행이나 관공서 볼일을 도맡아 하며 빠뜨린 물건을 갖다주어야 한다.

가족들이 나를 하숙집 아주머니 정도로 생각해도 감내해야 한다. 누구 하나 도와주지 않아도 아무렇지 않게 넘겨야 한다. 어쩌면 그간 집안일에 등한시한 주부가 시행착오를 통해 배우는 과정이라 생각하며 뒷짐을 지고 있을지도 모른다. 주방에 주부가 있는 것은 당연하고 평화로운 풍경이라 생각하면서 마음속으로는 맛깔스러운 요리 기대로 행복한 상념에 빠져있기도 하기 때문이다.

소소한 집안일에서도 보람과 즐거움을 느끼고 만족하는 마인드가 필요하다. 부지런한 손놀림에서 존재의 이유와 행복을 발견하기도 하기 때문이다. 아침과 저녁으로 하루 기본 두 끼 식사는 정찬으로 차린다. 식사 후 주방과 식탁을 오가며 뒷정리를 하고 설거지를 한다. 쓰레기 분리배출을 하고 세탁기를 돌린다. 청소기를 돌리고 물걸레질을 한다. 그 외 식물에 물을 준다든지 애완견에게 먹이와 물을 주고 목욕을 시킨다. 간간이 전등을 갈아 끼우고 택배와 우편물, 드라이한 세탁물을 찾아오는 등 잡다한 집안일에 익숙해져야 한다.

그리고 나 자신에게도 충실할 때가 되었음을 인지하고 돌봐야 한다. 기억력과 건강이 예전 같지 않음을 느낀다. 챙겨 먹어야 하는 약이 늘어난다. 이제야 가만히 자신에게 속삭여본다. 험난한 세월 포기하지 않고 살아낸다고 수고했다고. 가족들 뒷바라지하면서 삼십 년을 직장에 다니느라 몸 고생 마음고생 많았노라고. 이제는 한시름 놓고 자신에게 충실해도 된다며 나를 풀어준다. 그러나 '혼자 잘 놀기'에는 왠지 미안하고 사치로 느껴진다. 또한 위아래를 부양해야 하는 '낀세대'로서는 이기적이라는 부정적 느낌이 앞선다. 그러나 이제부터는 내가 건강하고 즐거워야 가족이 행복하다는 '깬세대'의 생각으로 심신이 어정쩡한 나를 스스로 관리해볼 요량이다.

오랜 세월 동안 바깥을 향하던 생각과 마음, 몸의 에너지 전체가 이제는 온통 집으로 귀환하고 있다. 가족들의 귀가 시간도 빨라진다. 언니 동생 하는 사이가 된 이웃의 밝은 기운도 한 자락 깃든다. 대수롭지 않아 보이는 가족의 대화나 집안일, 이웃의 존재가 얼마나 소중하고 값진 보물인지를 절절히 깨닫는 요즘이다.

햇열무로 물김치를 만들었다면서 먹어보라고 통째 내미는 살가운 이웃이 있어 오늘도 행복한 저녁 시간이 된다. '집으로'의 삶에도 햇살이 스민다.

불쏘시개

모처럼 회식을 했다. 그것도 시월의 마지막 밤이다. 까마득히 잊고 살았던 감수성을 들추어 추억의 '잊혀진 계절'을 흥얼대며 지인들과 저녁 모임을 가졌다. 아파트 주민들이자 같은 운동을 하다 보니 자연스레 친하게 된 사이다. 즉석 번개팅을 할 정도로 가까워진 결정적 계기는 내가 월간 문예지를 통해 수필가로 등단하게 되면서이다.

친자매처럼 기뻐하고 진정 어린 축하를 해주던 그들에게 신뢰의 진국을 맛보는 것 같았다. 부끄럽지만 짧은 글이 수록된 등단지를 자랑스레 안고서 다 함께 인증샷도 찍었다. 자신의 폰 메인 프로필에 단체 사진과 함께 격려 글을 올려두는 감개무량한 친구도 있었다. 그날이 우리가 번개팅을 한 첫날인 셈이다.

빨래를 널다가 가스레인지 위에 올려둔 미역국이 생각났다. 끓을 때가 되었다 싶어 주방으로 향하는데 '촤아' 하는 요란한 소리와 함께 순식간에 미역국이 넘쳐났다. 황급히 달려가 뚜껑을 열었지만 이미 국물의 절반은 사라지고 없다. 넘친 국물로 가스불도 먹통이다. 마음이 복잡해졌다. 공들인 진국을 허망하게 흘린 것이 아까웠고 화구 주변에 넘쳐난 미역 건더기와 국물을 치우려니 새삼 속상했다. 그 무엇보다도 가스레인지 화구에 불이 켜지지 않을까 봐 걱정이 앞섰다.

얼마 전부터 절반에 해당되는 두 개의 화구는 손잡이를 힘주어 돌려도 불이 일지 않는다. 자연히 불이 잘 켜지는 앞줄 오른쪽 버너를 이용하고 있다. 국이랑 찌개, 구이를 위해 여러 화구를 동시에 사용할 경우에는 불쏘시개를 이용하여 불을 댕겨 붙이는 상황이다. 그런데 애용하던 그 버너마저 날벼락을 맞아 점화에 문제가 생기게 된 것이다. 다행히 불쏘시개로 나무젓가락을 이용하여 한참 기다렸더니 파란 불꽃이 되살아 올랐다.

성냥 한 개비도 보물처럼 귀하게 여기던 시절이 있었다. 자식들이 잠든 온돌방의 군불이 꺼질세라 한밤중에도 장작을 뒤적이며 불씨를 살피고 입김을 불던 어머니의 모습이 아른거린다. 어머니가 행상을 떠나시면 저녁밥을 해야 하는 경우가 많았다. 가마솥에 불을 지피는 것이 관건이다. 굵직한 장작에 불이 바로 붙지 않았다. 애꿎은 성냥만 잔뜩 버렸다. 부엌 귀퉁이에 있는 마대자루가 눈에 띄었다. '까꾸리'라 불리는 갈퀴로 뒷산을 누비며 긁어온 마른 솔잎이 들어 있었다.

눈앞에 섬광이 일었다. 먼저 아궁이 바닥에 솔잎을 두툼하게 깔고 가느다란 관솔을 올렸다. 그 위에 장작을 놓고 맨 밑의 솔잎에 불을 지폈더니 '타닥타닥' 불꽃 튀는 소리와 함께 불길이 쉽게 옮겨붙었다. 굵직한 장작을 태우기 위해 솔잎을 불쏘시개로 이용하던 어머니의 모습을 어깨너머로 보고 배운 덕분이다.

"검찰 개혁의 불쏘시개 역할은 여기까지입니다."

이는 이전 법무부 장관이 사퇴하면서 한 말이다. 그가 수많은 반대에도 불구하고 장관으로 임명된 시기는 공교롭게도 민족 고유의 명절인 한가위 무렵이었다. 즐거워야 할 추석 연휴는 집집마다 장관 임명찬반으로 핏대를 올리고, 온 나라가 정치색으로 휘청거렸다. 급기야 대립 관계에 놓인 조직과 단체들은 그들의 힘을 보여주는 대규모 집회와 맞불 시위로 좌불안석의 나날이 지속되었다.

정치색을 떠나 사회적 명예와 권력을 가진 자의 상식 밖의 권한 남용과 아집은 이해하기 힘들었다. 결국 그는 취임 후 한 달여 만에 가족과 본인을 향한 수사망과 국민들의 원성에 쫓기다시피 사퇴를 하게 되었다. 언행이 겉돌던 그가 말한 불쏘시개는 다수의 국민들 가슴에 상처를 남기고 잠자던 울화통을 터뜨렸다. 모쪼록 불쏘시개도 잘 관리해야 화재로 덧나지 않음을 배운다.

또다시 나무젓가락을 이용하여 고장이 난 가스레인지에 불을 붙인다. 가스 점화기를 구입할 수 있지만 굳이 연기가 나는 불쏘시개를 사용하는 데에는 그만한 이유가 있다. 가스총보다 안전하기 때문이다. 빨간 불꽃과 함께 올라온 한 줄기 연기를 보면서 점화와 소화를 하고 확인한다. 오히려 켜는 절차가 번거로워 가족 누군가가 손쉽게 시도할 수 없다는 점이 안전에는 장점인 셈이다.

가스레인지 서비스센터 전화번호를 검색하는데 카톡 문자가 날아온다. 지인들 단톡방이다. 우리도 맛집에서 송년회를 해보자며 모임 가능한 날짜를 미리 묻는다. 백수인 나를 필요로 하는 또 하나의 정기 모임에 열린 마음으로 접수한다. 유년의 뒷동산에서 갈퀴를 쥐고 열심히 내달렸을 뿐인데 부챗살 갈고리에 얽히고 쟁여있던 땔감들인 솔잎과 관솔, 솔방울들이 겹쳐진다.

사람이 인연을 맺거나 중요한 기로에서는 늘 특별한 조우가 선행된다. 그 만남이 더 좋은 관계로 이어질 때 그것은 불쏘시개가 되고 터닝포인트가 되어 삶에도 풍미가 생기고 울림을 얻는다. 삶이 때로는 아궁이 잔불처럼 천천히 그리고 은은하게 오래 익어 가면 좋겠다.

감사합니다

개찰구 앞에 우뚝 선다. 면접을 앞둔 취업준비생마냥 두어 번 심호흡도 해본다. 승차권 단말기 위에 조심스레 카드를 갖다 대고는 귀를 바짝 세운다. 혹시나 하며 가슴 졸이지만 곧장 허탈한 마음에 사로잡힌다. 오늘은 들을까 기대했으나 역시 묵묵부답이다.

불현듯 성우 양성 프로그램에 참여하던 빛바랜 기억이 떠올랐다. 당시 유행하던 스모키 화장으로 눈매를 짙게 강조한 예순 언저리의 강사는 팝페라 가수 키메라를 연상케 했다. 기묘하지만 정성이 느껴지는 섬세한 화장술은 아무렇게나 고무줄로 질끈 묶은 그녀의 헤어스타일과는 너무나 비교되었다. 캐릭터 '자갈치 아지매'처럼 부산 사투리를 칼칼하게 쏟아내던 인사 말투에 내 수강 신청이 잘못되지 않았는지 저울질해 보았다. 그러나 그녀가 원고 첫 줄을 읽는 순간 전기 충격이 목덜미를 타고 흐르는 듯 저릿했다. 수다스레 이야기할 때와 성우로서 대본을 읽는 전문가의 목소리는 놀라운 차이가 있었다.

성우는 개성적인 음색과 발성도 중요하지만 그에 못지않게 감성 연기를 할 줄 알아야 한다. 음성 연기란 상상력과 감수성을 호소력 있게 표현하는 것이리라. 그녀는 음악 흐름에 맞춰 고저장단을 자유자재로 조절하며 풀어내었다. 마치 모래 그림을 그리듯 호젓한 호숫가를 산책하다가 초원을 내달리듯 힘차게 내지르는 목소리는 감미롭고도 박진감이 넘쳤다. 그러기에 성우의 등급은 감성 표현과 함께 음색과 발성에 따라 달라진다고 한다. 누가 읽는지 또는 낭독하는 문장의 양으로 서비스 이용료가 구분되는 셈이다.

지하철 개찰구에서 나오는 성우의 목소리를 처음 들었을 때 지쳐서 게슴츠레해진 눈이 번쩍 띄었다. 맑고 또롱또롱한 음성에 청량감마저 느껴졌다. 현악기를 조율할 때 기준음이 되고 듣기에 으뜸이 되는 음높이는 계명 '라' 톤이라고 한다. 그 톤이 듣기 좋아서 기대하는 것만은 아니다. 문외한으로서 감히 목소리로 등급을 추측하고자 하는 것도 더더욱 아니다. 편평하게 울려 퍼지는 딱딱한 기계음일지라도 그저 "감사합니다.”라는 한마디가 듣고 싶었을 뿐이다. 요즈음 부쩍 내게 던지는 인사말에 목마르다. 팍팍한 일상 탓인지 내 감정도 활력을 잃어버려 물기 마른 미역처럼 볼품없이 쪼그라들고 비틀어진 것 같다.

그 스트레스가 폭식하는 습관으로 이어졌다. 어떤 사람은 힘들 때 식음을 전폐하다시피 한다던데 나는 정반대이다. 긴장으로 말라버린 입안을 간식의 달콤함이 잠깐이나마 위로하고 진정시켜준다. 그러나 대가는 톡톡히 치러야 한다. 더 이상 뱃살이 찌겠느냐며 자포자기하는 순간 몸집은 금세 감당이 어려울 만큼 부풀곤 했다. 내 삶의 무게가 이리 무거운데 누가 무엇을 더 얹으랴 싶지만 두 눈을 부릅뜨고 방어하지 않는 이상 어느새 근심거리 위에 군살까지 켜켜이 달라붙는다.

트로트 곡 ‘보릿고개’를 듣는다. 전국을 휩쓸던 ‘안동역에서’ 노래로 오랜 무명의 한을 떨쳐내고 당당히 스타 반열에 오른 가수 진성의 또 다른 노래이다. 서글픈 유년기를 절절히 회고하며 직접 작사를 했단다. 그가 방송에 출연하여 아픈 가족사와 배고픈 과거를 이야기할 때마다 흘리던 눈물방울이 선하다. 세월이 흘러 나이를 먹고 불굴의 의지로 성공한 후에도 어린 시절의 결핍은 쉽사리 떨쳐낼 수 없는 아픔인가 보다. 동병상련을 느끼는 사람들의 동질감이랄까. 사연 깊은 노래를 들으니 폭풍우같이 지나간 내 세월이 함께 겹쳐진다.

사람은 생애주기에 따라 삶의 방향도 다르다. 어릴 때는 자신이 중심이며, 성인이 되어서는 부모를 생각하고, 부모가 되어서는 자식을 위해 사는 것이 보편적이다. 그러나 불우한 유년기를 보낸 사람들은 자신의 존재 가치를 깨닫는 일을 사치 감정으로 여겼을 것이다. 상처와 애환은 좀체 걷어내기가 힘들어 어른이 되어서도 종종 속이 텅 빈 채 우울감에 빠지곤 한다.

나 역시 가난하고 외로운 시절을 보냈다. 주부가 되어서는 가족들 뒷바라지를 하면서 인정받길 원했다. 또한 그들의 꿈이 이루어지길 하염없이 기다렸다. 그러는 사이 스스로를 살피고 관심 두려는 마음은 피로하다는 이유로 늘 뒷전으로 밀려났다. 어쩌면 자신을 사랑하는 방법이 익숙하지 않기에 쑥스러워 외면하는 것일 수도 있겠다. 타인의 관심이 필요한 부분이기도 하다.

그 위로를 엉뚱하게 지하철에서 찾고 있었다. 카드를 올리면서 우연히 듣게 된 인사말이 나에게 하는 말 같아 마음이 뭉클했다. 그동안의 어려움을 견뎌낸 내가 기특하게 여겨졌다. 버텨준 몸과 정신력이 고마웠다. 그래서 개찰구 앞에 서면 절박한 기대감으로 나도 모르게 긴장하였다. "감사합니다."라는 말을 "수고했다."는 말로 해석하고 싶었는지도 모르겠다. 그런데 언제부턴가 내 카드에서 무슨 오류인지 흔하디흔한 인사말이 들리지 않는다. 다른 사람들이 통과할 때는 우후죽순 잘도 나오더니 나에게만큼은 침묵한다. 감정이나 반복 재생의 피로가 없는 기계음에게도 편견을 당하는 것만 같아 씁쓸해진다.

부풀어오른 몸집을 낮추려고 걷기를 시작했다. 벚꽃 가로수길이 화사하다. 봄빛에 허기진 마음을 다독이며 허리를 세운다. 그리고 스스로에게 소리 내어 말해본다.

"감사합니다!"

예순도 젊다

뒷모습에서도 기품이 배어난다. '길을 가다 아름다운 여인을 만나면 보석을 발견한 심정'이라던 어느 작가의 말이 틀리지 않았다. 몇 걸음 터울로 앞서가는 두 분 성님을 보면서 같은 여자인 나 역시 마음이 설렌다.

일흔을 바라보는 키 큰 성님은 카키색 롱드레스 앙상블로 날씬한 몸매를 강조하고 베이지색 벙커 모자로 엘레강스한 분위기를 한껏 고조시켰다. 에이 라인 주름스커트는 얌전히 걸음을 옮길 때마다 공작새처럼 우아하게 펼쳐져 출렁인다. 회갑을 갓 넘긴 다른 언니는 운동으로 단련된 몸매를 최대한 강조한 스포츠 룩 패션이다. 검은색 레깅스에 아찔한 스포트 브라탑을 입고 건강미를 풍기며 힘차게 걸어간다. 서로 다른 느낌의 두 분은 자기 관리에 있어 둘째가라면 서러워하리라.

두 사람의 모습에서 오래전 새댁 때의 옛 이웃이 겹쳐진다. 잠깐의 외출에도 외모에 한껏 신경을 쓰던 그녀는 고급스러운 세무 롱드레스에 짤막한 아이보리 비단 재킷을 즐겨 입었다. 그날도 특별했다. 월세 신혼집에서 처음으로 우리 명의의 아파트로 이사하여 들뜬 마음으로 신고식 겸 반상회를 열게 된 날이었다. 마지막에 등장한 그녀의 화려한 차림새에 모두 눈을 떼지 못했다. 목선이 깊게 팬 기다란 검정 원피스에 고가의 흰색 모피를 어깨에 걸쳐 입고 왔다. 머리에는 꽃무늬 두건을 쓰고 핑크빛 선글라스를 멋스럽게 얹은 채 대종상 시상식의 여배우처럼 나타났다.

시선을 끈 화려한 외모에 비해 눈빛은 우수에 젖어 있고 말수는 적었다. 반상회에 건의를 하거나 일상 대화에 참여하는 것이 그녀에겐 무의미해 보였다. 얌전히 앉았던 그녀가 드디어 입을 열었다. 회의를 마무리하는 행사로 본인이 노래를 한 자락 하겠다고 한다. 모두들 손뼉으로 환영했다. 트로트를 부르려니 했는데 놀랍게도 테너 엄정행 씨의 '목련화'를 비련의 여인처럼 구슬프게 불렀다. 고음 처리도 잘하고 음색도 고왔다. 예순을 넘긴 나이에도 여자는 충분히 아름다울 수 있고 자기 계발로 우아하게 살 수 있다는 것을 깨우쳐 준 분으로 기억된다.

시어머니 연배의 그분은 나를 아우님이라고 불렀다. 성악가 엄정행 씨를 무척이나 좋아하는 팬이라고 하였다. 나 역시 가곡을 좋아하고 엄정행 씨 노래를 즐겨듣던 터라 대화가 길게 이어지곤 했다. 뜻밖에도 그녀에게는 기이한 면모도 있었다. 성악가의 관심과 눈길을 끌고자 흠모하는 마음을 담아 장문의 편지를 연거푸 보내거나, 음반을 사재기도 하고 선물 공세를 하는 등 끊임없이 집착하는 광팬이었다. 짝사랑은 애증이 되어 성악가의 자서전 속에 서술된 문구 태반이 자신이 보낸 편지 구절을 표절한 것이라며 저작권 위반이라고 분개하곤 했다.

바로 아래층에 사는 그녀는 주말이면 종종 나를 불렀다. 맞벌이로 정신없이 일하다 밀린 집안일과 육아로 바쁜 시간에 그녀의 부름이 달가울 리가 없으련만 나의 상황 따윈 아랑곳하지 않았다. 나를 불러 내린 이유는 다양했다. 그녀가 욕실 문을 닫고 날마다 몇 시간씩 반복 연습했다는 노래를 들어주는 관객 역할이 주를 이루었다. 나는 그녀의 음색에 긍정 평가를 해 주어야 했고, 갓 배우게 된 피아노 연주를 듣고 박자나 임시표 등에 대해 체크를 도맡았다. 안타깝게도 엄정행 씨에게 보낸 항의 편지가 되돌아왔다는 소식도 들어야 했다.

그녀의 주방은 간단했다. 부부 밥그릇 세트와 수저 두 벌, 접시 두 개와 작은 냄비 하나가 전부였다. 취사 흔적은 찾아볼 수 없을 정도이다. 침실은 따로따로다. 예순을 넘긴 부부는 각방을 써야 한다며 휑뎅그렁한 부군의 방과 달리 자신의 침실은 우윳빛 커튼을 휘장처럼 늘어뜨리고 큼직한 장밋빛 리본으로 포인트를 주어 화사하게 꾸몄다. 우리 아이들은 그 방에 놀러가는 걸 좋아했다. 레이스 커튼을 끌어당겨 온몸에 휘감으면 동화 속 공주가 된 느낌을 받는 모양이다. 아이들에게 손사래를 치며 만류하는 나를 이끌고 거실에 앉힌 후 그녀는 자신의 고민을 털어놓기도 했다. 걱정거리가 없는 것도 걱정인가 싶을 정도의 수위였다.

어느 일요일 아침, 그녀가 찾아왔다. 갓 깨어났을 이른 시각인데도 불구하고 차림새가 범상치 않았다. 립스틱은 유달리 밝은데 보랏빛 롱드레스 앙상블은 그녀의 표정마냥 처연하게 보였다. 손에는 커다란 종이 쇼핑백이 들려있었다. 한참을 머뭇거리다가 종이가방을 내밀며 말했다. “아우님, 이거 과일인데 이쁜 아가들과 먹어….” 의아해하는 나에게 갑자기 이사를 하게 되어 작별 인사를 왔다고 했다. 주름진 그녀의 눈가에 이슬이 맺혔다. 이유는 모르지만 그럴만한 사정이 있었겠거니 생각하니 나도 가슴이 먹먹해졌다.

그녀가 이사를 한 후 떠도는 소문은 흉흉했다. 잘나가던 성형외과에서 의료사고가 있었고 병원장이던 남편이 모든 걸 책임지게 되었다거나, 그녀는 둘째 부인이고 자식을 낳지 못했다는 등 어느 하나 확실하지 않은 무성한 말들이 나돌았다. 화려한 패션과 짙은 립스틱으로 가려진 그녀의 민낯을 보는 것 같아 얼굴이 화끈거렸다. 가녀린 소녀 감성으로 상처받았을 것을 생각하니 내 속도 쓰렸다. 다행히 몇 개월 후 그녀의 새 집에 초대되어 여전히 화려한 일상을 엿보고 나니 마음이 가벼워졌다.

세월은 흐르고 강산도 바뀌어 이제는 내가 아래층 그녀처럼 예순 언저리에 오게 되었다. 이 나이가 되면 당연히 멋과 여유, 풍요를 누릴 수 있으리라 기대해왔다. 그러나 나는 여전히 현실의 삶에 급급하여 허덕일 뿐. 꿈꾸었던 우아한 롱드레스나 사뿐사뿐 걸음걸이는 고사하고 펑퍼짐한 바지를 입고 아무렇게나 바쁘게 쏘다니고 있다. 다행인 것은 이목을 끌지 않는 차림이기에 성님의 슬픔이 깃든 드레스와는 비교할 수 없는 편안함이 있다.

몇 발 짝 앞서가는 이웃 언니들의 멋스러운 뒷모습을 보며 또 다른 소망을 품어본다. 자기 관리에 늦은 나이란 없으며 지금도 얼마든지 시작할 수 있다고. 명랑한 드레서를 꿈꾸며 굽어가는 허리부터 꼿꼿이 추슬러본다.

아직은 예순도 젊다!

공소

산자락 끝에 있는 초등학교는 작고 아담하다. 야트막한 담벼락을 지나노라니 콧잔등이 시큰거린다. 소리치며 내달리던 모교의 운동장은 농가의 앞마당처럼 더욱 작아진 모습이다. 아이들의 함성 대신 가만히 어둠만 보듬고 있다. 교문 모퉁이를 돌자 눈에 익어 정겹기만 한 토담집들이 키대기를 하고 있다. 투박한 흙벽은 모진 세월에도 꿋꿋이 버텨내어 슬래브 지붕의 이끼까지 멋스럽게 이고 있다.

골목을 끼고 자리한 고풍스러운 마을은 곧장 산길로 연결된다. 그

마을 끝자락에서 좁은 오르막길을 오른다. 얼마나 많은 발걸음이 있었던지 울퉁불퉁한 황톳길은 다져져서 반들반들 윤이 날 정도이다. 성큼 몇 걸음 오르니 금세 평지에 이른다. 가뿐한 이 길이 예전엔 왜 그렇게 험난하게만 느껴졌을까. 까마득한 오르막과 벼랑처럼 깎아지른 내리막 앞에서 겁부터 먹던 어린 시절이 떠오른다.

예나 지금이나 큰맘 먹고 올라간 곳은 고향 마을에 있는 성당이다. 정확히 표현하자면 공소이다. 신자 수가 적고 규모가 작아서 미사를 집전하는 본당 신부가 상주하지 않는 곳이다. 교우들은 공소 회장을 중심으로 예규에 따라 공소 예절을 드리며 신앙생활을 이어갔다. 가난한 유년 시절의 설움을 잠재우고 막연한 희망을 안겨주던, 성지처럼 느껴지는 성당이다. 여자는 얼마 만에 찾아와 엎드리는가. 상급학교 진학을 위해 도시 유학을 떠나면서 뜸해진 발걸음은 급기야 한 세대를 훌쩍 건너뛰고서야 다시 찾은 것이다.

엄숙한 공소 예절 중에도 어린 마음은 종종 콩밭에 가 있곤 했었다. 사탕을 못 받으면 어쩌나 싶어 기도문을 달달 되뇌기도 했고, 좀 자라서는 주변 사람들을 관찰하며 저울질하거나 찰랑거리는 단발머리를 이마 위로 쓸어 올리며 자아도취에 빠지기도 했었다. 유일한 외출복인 까만 교복 차림으로 드문드문 모습을 보이던 여고생은 종내 종적을 감추더니 어느 날 갑작스레 나타나 깍듯이 인사를 올리고 있다. 한 손은 허리 구부정한 노모를 부축하고 다른 한 손은 여자가 단발머리

학생일 때보다 더욱 성숙한 모습의 둘째 딸내미 손을 잡고서다.

본당에서 신부님이 오셨다. 세월이 좋아져서 몇 년 전부터 주말이면 미사를 집전하기 위해 공소로 파견 오신다고 한다. 그래서 이젠 더 이상 공소가 아니다. 엄연한 성당이다. 가파른 반석 위에 세워진 성당이 더더욱 경건하게 느껴진다.

드디어 토요일 저녁 미사 시간이다. 스테인드글라스 성화가 벽면을 화사하게 장식하고 있다. 통로를 사이에 두고 두 줄로 늘어선 긴 의자가 스무여 개 있고 신자도 의외로 가득 찼다. 예전엔 마룻바닥에 동그마니 앉았는데 많이 바뀌었다. 작은딸을 사이에 두고 친정엄마와 여자가 양쪽에 앉았다. 성가를 부를 때나 기도문을 합송할 때 나이와 목소리, 음정은 달라도 두 손을 모은 마음만큼은 오롯이 하나가 되는 순간이다.

미사 도중 서로에게 축복을 비는 '평화의 인사' 때 보니 친정엄마의 얼굴이 발그레 상기되어 있었다. 딸과 외손녀에게 집중되는 주변의 시선을 의식하신 듯하다. 여자는 엄마에게 안심하라는 듯 두 손을 꼭 잡으며 평화를 빈다. 친정엄마는 외손녀를 품에 안고서 말없이 토닥였다. 고개를 숙인 녀석의 얼굴도 홍조로 물든다.

미사가 끝난 후 신부님을 뵙고 인사를 드린다. 가까이서 뵈니 더 젊고 잘생긴 것 같다. 유머 감각이 있고 인정이 깊으며 강론도 예화를 통해 알기 쉽게 잘하시는 소문난 신부님이시란다. 엄마 말씀을 그대로 전달하며 출장 오신 신부님께 감사드렸다. 이날 미사에 참석한 것은 친정엄마의 요청으로 그 신부님께 새 차 축성을 받기 위해서이다. 딸자식의 교통안전을 기원하는 엄마의 작은 소망을 이루어드리기 위해서 곧장 어려운 걸음을 한 것이다.

사회 초년생이 된 큰딸에게 오래된 차를 넘기고 나니 허전하고 불편했는데 여자의 남편이 큰맘 먹고 새 차를 뽑아줬다. 나이가 있으니 어쩌면 마지막으로 구입하는 차가 되지 않겠나 하는 말과 함께. 명퇴한 이후 나이만 들고 쓸모없는 사람이 되는 것만 같았는데 새 차를 보니 우울한 기분이 싹 날아갔다. 신선한 에너지가 흐르는 공간에 앉으니 다시 젊어지는 느낌이 든다. 새 것에 대한 감사와 소중히 다루리라는 마음으로 쓰다듬노라니 사라졌던 애정이 솟아오른다. 새 차에 주눅들까 봐 축 늘어진 볼살을 자꾸만 쓸어 올려본다.

신부님의 축성을 받은 새 차를 타고 신명나게 집으로 향한다. 밤길 운전은 여전히 서툴기만 하다. 운전면허증을 두 차례 경신한 경력이건만 밤눈이 어두워 자신감이 떨어지는 데다 못 말리는 길치이기 때문이다. 시야 확보가 안 되는 어두운 국도에서는 오로지 내비게이션에 의존하게 된다. 음성 안내를 듣고는 즉시 방향지시등을 켠다. 그러나 한참 이르거나 머뭇거리다 보면 정작 결정적인 순간은 놓쳐버리고 엉뚱한 길로 들어서기 일쑤다.

밤눈이 어두워 연신 길을 잃곤 하지만 걱정은 하지 않는다. 오랜 세월을 건너뛰고서도 마음이 동하는 날 추억이 담긴 공소를 찾듯 목적이 있는 여정은 길을 잃지 않으리라는 걸 믿기 때문이다.

제5부

무릉도원에서 기적을 만나다

무릉도원에서 기적을 만나다

시간이 지나면 모든 게 변한다. 시대가 바뀌고 사람이 달라지고 초목산천이 변한다. 아이가 자라 어른이 되며 삶의 주역이 바뀌고 열렬했던 사랑도 식거나 움직여간다. 변하지 않는 것이 있다면 흔히들 말하는 '모든 것은 변한다.'라는 말뿐이리라. 그러나 때때로 예외도 있는 법. 여기, 변치 않는 한결같음에 지독한 신뢰를 보낼 수밖에 없는 경우도 있다.

소년은 책읽기를 좋아했다. 한창 뛰어놀아야 할 때 소학과 명심보

감을 읽으면서 사람으로서의 기본 윤리를 배우고 내면화하는 즐거움에 매료되었다. 자라면서 동서양 철학뿐 아니라 불경과 성경 등 종교 서적까지 영역을 가리지 않고 섭렵했다. 선현들의 지혜가 응축된 고전을 구하기 위해 발품 팔다 아예 헌책방을 차렸다고도 한다. 끼니를 거르면서 밤새워 손때 묻은 책을 읽고 연구하며 다방면의 지식을 쌓아갔다. 학문에 깊이를 더할수록 삶과 죽음, 우주 만물의 이치에 대한 궁금증은 더해만 갔다. 기어코 신의 한 수를 배우기 위해 봇짐 지고 집을 나섰다. 수소문하며 도인들을 찾아다니다 결국 스스로 통하고자 깊은 산 토굴 속으로 침잠했다고 한다.

양지바른 언덕배기에 솜털 같은 쑥이 번지고 뾰족뾰족 달래가 연둣빛 고개를 내밀면 기다렸다는 듯 사방에서 꽃망울이 함성을 터뜨린다. 홍매화와 진달래가 장사진을 이룬 꽃물결을 이어받아 복사꽃과 살구꽃도 병풍처럼 널따란 띠를 이룬다. 꼬불꼬불 산길이 끝나는 곳에 터를 잡은 외딴집 앞마당은 그리 여유가 없다. 마당 끝 선에서 곧장 내리막 언덕이 시작되기 때문이다. 가파른 둔덕에 뿌리를 내린 크고 작은 나무에선 진분홍 돌복숭아꽃이 만발하여 사위가 온통 꽃 천지다. 무릉도원을 그린 한 폭의 동양화가 따로 없다.

새소리 분주한 대나무 숲길을 사나브로 지나고 벌떼 왕성한 복숭아꽃길에 접어든 노인이 뒷짐 진 두 손을 풀고 심호흡을 한다. 산책을 마친 그가 이윽고 일자형 전통가옥에 들어서면 본격적인 하루가 시작된다. 그는 '선생님'이라 불리길 좋아하지만 사람들은 '도사님'이라고 칭한다. 말귀를 겨우 알아듣는 다섯 살 아이부터 팔순 노인에 이르기까지 그와 인연이 있는 사람들은 모두가 조심스러워하고 경의를 표한다. 그렇다고 예법을 가르치거나 눈총을 준 것은 전혀 아니다. 오롯이 자발적인 공경의 표시였다.

도인의 손에는 자그마한 둥근 목도가 들려있다. 구증구포한 복숭아나무를 직접 깎아 만든 나무칼로 어른 손 한 뼘 크기이다. 좌우대칭의 도톰한 목도는 바늘구멍처럼 한가운데에 길이대로 좁게 뚫려있다. 그것은 그가 토굴 속에서 수십 년간 고독한 수행을 하면서 터득하게 된 '기氣'가 가장 내밀하게 함축되어 지나가는 통로이다. 도인이 혼신의 힘으로 목도에 기를 모아 환자에게 비추면 하나둘 믿을 수 없는 일들이 벌어졌다고 한다. 동화 속에서처럼 기다랗고 흰 수염만 있다면 간절한 소원을 어김없이 들어주는 산신령 같기만 하다.

사람들이 선생의 도력을 믿고 방문했다. 병원에서 포기한 난치병 환자나 병명이 나오지 않는 사람, 우울증이나 정신적으로 불안정한 자, 불임부부, 선천성 희귀병을 앓고 있는 이들이 입소문을 타고 전국에서 찾아왔다. 증상이 완화되고 웃음을 되찾을 때 그는 가장 보람을 느낀다. 한때는 매스컴에 공개되어 학계와 방송 등에서 초빙을 타진해왔고 수많은 사람이 한꺼번에 몰려들었단다. 그러나 아직 해야 할 공부와 일이 산재하고 전면에 나설 때가 되지 않았다는 이유로 모두 거절한 채 초야에 묻혀 사는 게 편하다고 한다.

동양의학은 크게 기, 침술, 한약으로 병을 해결한다. 모든 병의 원인이 기혈순환장애라는 데 기초한다. 예를 들어 전기밥솥이 가동을 하지 않는다면 원인은 두 가지이다. 밥솥 고장이거나 전기가 오지 않기 때문이다. 눈에 보이는 밥솥은 혈액에 해당되고 그것을 가동하는 무형의 전기는 기에 해당되는 셈이다. 기는 눈에 보이지 않기에 한의학에서는 주로 혈자리를 중심으로 치료한다. 침을 놓거나 뜸을 뜨고 사혈하며 한약을 처방한다. 그러나 동양의학의 백미는 기를 느끼고 기로써 치료하는 것이라고 한다. 기 치료는 책 속 이론이 아닌, 오랜 수행을 통해 도를 통한 사람만이 할 수 있다고 한다. 아무리 도통한 도인이라 해도 기가 꽉 막힌 환자를 치료하는 일이 마냥 쉽지만은 않을 것이다.

그는 환자의 맥을 짚거나 혈자리를 눌러보는 등의 신체 접촉은 일절 하지 않는다. 멀찌감치 간격을 두고 앉아 오로지 본인의 기를 이용하여 환자의 기 흐름을 읽는다. 그리고 막힌 부분을 뚫어줌으로써 어혈을 풀고 혈행이 좋아지게 만든다. 혹시나 모를 부작용을 막기 위해 언제나 최적의 환경을 만들고 온몸으로 집중한다. 온도계와 습도계를 확인하며 냉난방기와 제습기를 틀어 방의 온도와 습도가 한결같도록 한다. 습도가 높으면 부종이 생겨 효과가 반감하는 까닭이다. 치료가 시작되면 깊게 감은 두 눈, 꽉 다문 입술, 주름진 이마에 비장함이 깃든다. 늘 처음의 마음가짐으로 목도를 불끈 움켜쥔 손엔 핏기가 사라지고 머리맡엔 땀방울이 맺힌다.

기로써 병을 치료한다는 것이 처음엔 도무지 이해가 되지 않았다. 더군다나 병든 이유가 마신魔神이 환부에 뭔가를 설치해두었기 때문이라고 하니 더욱 신빙성이 떨어졌다. 과학적으로 증명되지 않는 초자연적인 현상과 대화하는 고대 샤머니즘 같은 발상이 아닐 수 없다. 그러나 수차례 들은 사례들처럼 눈앞의 내 아이가 부작용 없이 건강해지는 것을 확인하니 믿을 수밖에 없다. 무릉도원에서 기적 같은 일이 실제로 일어나고 있는 것이다. 기를 맹신하는 것은 아니지만 바람이나 전파처럼 볼 수 없고, 이해할 수 없다고 해서 무형무취의 존재를 무작정 부정하면 안 된다는 것을 깨닫는다.

기다란 식탁에 여러 사람이 둘러앉았다. 도인의 생신날이라고 했다. 시차를 두고 자발적으로 모여든 사람들은 모두 선생의 제자들이다. 팔순을 넘긴 노인들과 건장해 보이는 장정들이다. 운 좋게 우리 모녀가 끼여 앉았다. 성별과 나이는 달라도 그들의 얼굴은 하나같이 윤기가 나고 편안해보였다. 오랫동안 도통 공부를 하고 있어 그러려니 했다. 그러나 각자에겐 현재로선 믿기 힘든 고통스러운 과거들이 있었기에 "스승님 덕분에 살아있다."는 고백이 한결같이 크고 굳건했다.

도인은 어릴 적 책에 파묻혀 지내던 약골 소년에게 '약보藥補보다 식보食補가 낫고, 식보食補보다 행보行補가 낫다.'는 동의보감을 인용한

모친의 말씀을 지금도 실천하려 애쓴다. 그러면서 건강을 위해 걷고 뛰는 일에 부지런하라고 강조한다. 누구나 할 수 있는 기본적인 동작이지만 실천하는 사람은 극히 미미하다는 것을 알기 때문이리라.

살면서 숱한 인연을 만나지만 이론적인 지식과 실제적인 능력에서 가늠자가 없는 귀인을 만난 것은 커다란 행운이 아닐 수 없다. 우리 가족에게도 주치의가 된 도인의 건강을 위해 두 손을 모아본다.

쉼태態

집안일을 하노라면 반나절은 훌쩍 지나가 버린다. 커피 한 잔을 들고 말끔해진 거실에 앉는다. TV를 켜서 습관적으로 뉴스채널에 맞춘다. 딱히 세상 돌아가는 것이 궁금해서가 아니다. 드라마는 즐기지 않으니 내용 연결이 안 되고, 흥행하는 영화는 거금을 지불해야 하며, 예능 프로그램은 화려하여 딴 세상 같다. 숨 고르며 편안히 볼 수 있는 뉴스가 내겐 제격이다.

불현듯 허기가 느껴진다. 뜨끈하면서 시원한 국물이 생각난다. 부산하게 수납장을 뒤적거려 라면을 찾아내었다. 끓는 물에 면과 수프를 넣고 잠시만 기다리면 먹을 수 있다. 때마침 전화벨 소리가 들려왔다. 오랜 친구이다. 안부 전화는 고민 상담으로 이어진다. 친구의 입장에 공감하면서 이런저런 도움말을 건네 본다. 그때였다. '좌르륵' 국물 넘치는 소리에 화들짝 놀랐다. 그러나 이미 때는 늦었다.

짭조름해진 라면을 먹는다. 묵은김치를 얹어 먹으니 더욱 맛나다. 짜게 먹은 탓에 외출 준비를 하는 동안 몇 차례나 냉수를 찾게 된다. 서둘러 차를 몰아 고속도로에 진입했다. 집안일로 자주 왕래하는 길이다. 이제는 제법 익숙해진 코스이지만 쏜살같이 양옆을 달리는 과속 차량들을 보면 절로 운전대를 꽉 움켜잡게 된다. 편도 한 시간 반 소요되는 거리이다. 나들목을 지나 읍내길로 접어든다. 때마침 시골 오일장이 열리는 날이다. 싱싱한 채소와 제철 과일을 가득 담아도 도시 마트의 반값 정도이다.

일을 마치고 돌아오는 길은 멀게만 느껴진다. 도착 시간을 안 맞춰도 되니 긴장이 풀린 탓이다. 그러나 더 큰 이유는 차창을 비집고 들어오는 햇살에 졸음을 쫓느라 안간힘을 써야 하기 때문이다. 아주 잠깐 사이에 차량이 휘청한다. 저속차로에서 달리고 있었는데 어느새 갓길로 향하고 있다. 급히 브레이크를 밟고 핸들을 고쳐 잡는다. 눈을 뜨고서도 쏟아지는 잠을 피하지 못해 깜빡 졸음운전을 한 모양이다. 사고는 순간이라는 말이 실감났다. 진땀이 난다. 환기를 시키며 오디오의 노래를 따라 부르고, 향이 강한 사탕을 우물거려도 본다. 그러나 졸음은 쉬 물러나지 않는다.

마지막 휴게소까지는 제법 더 달려야 한다. 지나간 휴게소에서 쉬었어야 했는데 고집을 피웠나 보다. 고속도로에서 운전대를 놓을 수도 없고 낭패다 싶다. 가물거리는 눈을 부릅뜨고 차량 흐름에 따르려 애를 쓴다. 그러다 눈이 뻔쩍 뜨였다. '졸음쉼터'라는 표지판을 본 것이다. 절묘한 타이밍에 구세주가 아닌가. 목표지점을 놓칠세라 앞만 뚫어지게 보며 서행했다. 쉼터에서 눈부터 붙이고 봐야 한다. 시동을 끄고 등받이에 몸을 기대니 절로 단잠에 빠져들었다.

얼마나 시간이 흘렀을까. 주변 차량의 문소리와 사람들의 말소리에 잠이 깼다. 쪽잠의 개운함에 희뿌연 하늘마저 청명하다. 시동을 켠 후 쉼터를 돌아보았다. 도로 가장자리에 돌출된 공간은 들고나는 차량들로 북새통이다. 다급하게 들어온 차량들은 몇 분 사이에 여유와 생기를 되찾아 느긋하게 출발한다. 질주해야만 하는 고속도로에서 만나는 졸음쉼터는 사막의 오아시스나 다름없다. 졸음 갈증이 풀리지 않으면 타인의 생명까지도 위협할 수 있기 때문이다. 졸음쉼터를 고안한 사람들이 한없이 고맙다.

가던 길에 다시 합류한다. 쉬는 통에 퇴근길과 맞물려 교통 흐름이 원활하지 않다. 잠시 궤도를 벗어났으나 늦어졌다고 자책하지 않기로 했다. 에너지를 재충전할 수 있었고, 단비 같은 여유를 가질 수 있었다.

인생살이에도 때때로 궤도 수정이 필요하다. 나 역시 서른 해 동안 순탄하게 다니던 직장에 미련 없이 사직서를 던졌다. 명퇴 초기의 걱정과 달리 이는 중요한 터닝포인트가 되었다. 삶이 다채로워지기 시작했다. 다양한 이력을 지닌 전업주부들과 친목을 쌓고, 글쓰기를 배우며 성악 교실에도 등록했다. 소소한 일상을 통해 인생은 더욱 풍요로워진다. 희로애락을 맛보고 되새김질하면서 비로소 겸허한 자세가 되는 것이다.

주변인과도 의견 조율이 잘되면 금상첨화다. 그러나 입장차이라는 것이 있어서 서로 통하기는 쉽지 않다. 만약 자신의 의지가 단호하다면 굳이 타인의 눈치를 볼 필요는 없으리라. 용감한 결단력을 통해 새로운 체험을 할 수 있다. 그러려면 삶에도 고정관념을 버리고 주변을 새롭게 해석할 필요가 있겠다.

현관문을 연다. 잊고 있었던 냄새가 코를 찌른다. 외출하기 바빠서 가스레인지 청소를 놓친 결과이다. 적적한 집안에 TV를 켠다. 이번에는 예능프로그램을 선택한다. 여느 때와 달리 한 톤 올린 출연자들의 목소리가 편안하다. 생각해보니 졸음쉼터에서 쉬어가듯이 TV 시청과 커피 한 잔, 취미생활, 그리고 따뜻한 라면 한 그릇까지 내 삶의 쉼태態가 된다.

공용이 된 휴대폰

'우당탕탕~!'

이 일을 어찌하랴. 휴대폰을 또 떨어뜨렸다. 충격으로 거실 바닥이 움푹 파이며 뿌연 속살이 드러난다. 후다닥 전화기를 주워 살펴본다. 폰 케이스는 망가졌지만 다행히 액정에는 이상이 없어 보인다. 그러나 오크 원목에 새겨진 초승달 모양의 흠집이 못내 가슴을 후벼 판다.

손이 문제다. 요즘 들어서 쥐고 있던 물건을 자주 떨어뜨린다. 크지 않으면서 겉면이 매끄럽고 윤기가 나는 물건, 특히 휴대폰 같은 경우는 더욱 그러하다. 춥고 건조한 겨울이면 손바닥 전체가 사포마냥 까칠해진다. 당연히 물건을 만지거나 쥐면 접촉성이 떨어진다. 신경을 곤두세워도 이번처럼 물건을 놓치는 실수가 잦다.

근래 들어 저녁 시간대면 더욱 바쁘다. 물론 평범한 가정주부들이라면 식사 준비로 당연히 바쁠 시간이다. 조금 다르다면 요리를 하다가도 수시로 휴대폰을 확인한다는 점이다. 레시피를 살펴보는 것은 아니다. 실시간 뉴스를 검색하는 것 또한 아니다. 압력밥솥 뚜껑에 달린 추가 요란한 소리를 내며 돌아갈 때면 더욱 자주 들여다본다. 수돗물을 틀어 설거지를 하다가도 물 묻은 손으로 폰 화면을 밝혀본다.

정작 전화가 걸려오면 요건만 간단히 말하고 후딱 끊는다. 그리고 또다시 휴대폰을 확인한다. 손에 거품 세제가 묻었을 경우에는 작은 딸내미에게 살펴보라고 부탁한다. 어느 날부터인가 퇴근해온 남편도 남의 휴대폰을 자주 흘끔거린다. 그러면서 폰을 수시로 확인해야 한다며 다짐을 준다.

오후 6시 이후 두어 시간 동안 휴대폰에 집착하는 데는 그만한 이유가 있다. 바로 군 복무 중인 막둥이 아들의 소식을 기다리는 것이다. '아들입니다. 전화주세요.'라는 문자가 언제 들어올지 모르기 때문이다. 하루일과가 끝나고 저녁 식사가 끝날 시점부터 취침 점호가 있기까지 수시로 확인해보는 것이다. 특히 밥솥이 끓는 소리를 내거나 물소리가 세찰 때는 문자 수신음을 못 듣기에 더욱 자주 살펴보게 된다. 문자가 들어오면 바로 통화 버튼을 눌러야지 그 순간을 놓쳐버리면 아들과 통화하기가 힘들기 때문이다.

아들이 군 복무를 시작하는 신병 교육대에 입소한 날 이후부터 나의 휴대폰은 공용이 되었다. 육군 훈련소 사이트 '더 캠프'에 주 1회 올라오는 단체 사진 중 우리 아들을 찾아 쓰다듬으며 안도하기도 하고, 가족이 번갈아가며 인터넷 위문편지를 쓰기도 했다. 또한 군부대에서 올린 공지사항 글을 읽고 감사의 댓글을 달거나 훈련병 아들을 둔 부모들의 염려와 질문, 감사의 마음이 들어간 자유게시판을 통해 공감하는 동안 서서히 공용 폰이 되어간 것이다.

주말이면 조금은 한가해진 아들이 낮에도 수신자 부담 공중전화를 할 수 있다. 그래서 내가 목욕을 가거나 잠시 눈을 붙일 경우에는 폰을 아예 남편에게 맡겨둔다. 이제 겨우 일병 계급장을 붙인 녀석이 기회를 잡아 어렵게 연락을 취했을 텐데 곧장 응답을 하기 위해서다. '띠롱' 문자음이 울리면 우리 부부는 동시에 달려든다. 그러다 떨어뜨리기도 한다. 전화벨이 울렸을 때는 서로 받으려다 거절 버튼을 눌러서 안타까워하기도 했다.

녀석의 연락이 뜸해지면 우리 가족은 머리 맞대고 걱정에 휩싸인다. 때가 때이니만큼 유례없는 북극 한파로 전국이 꽁꽁 얼어붙은 엄동설한이기에 걱정이 앞선다. 아들이 최강 추위로 둘째가라면 서러워할 강원도에서 군 복무 중이기에 혹여 감기몸살에 걸린 것은 아닌지 염려부터 된다. 아니면 이 추위에 산꼭대기에 텐트 치고 생활하며 군사훈련받는 숙영을 자주 하던데 이번에도 동원된 건 아닌지, 말 못 할 스트레스를 받거나 군 내부에서 트라우마를 겪은 것은 아닌지….

드디어 '033'으로 시작되는 전화가 걸려왔다. 황급히 전화를 받았다. 걱정과 달리 녀석의 목소리는 침착하고 흔들림이 없다. 다행이다. 바빴다고 한다. 훈련받고 초소에 나가 경계근무를 선단다. 쉬는 시간에는 운동하느라 전화할 시간이 없었다 한다. 힘든데 개인 운동까지 하느냐고 물었다. 고된 훈련을 버텨내고 살아남기 위해서라고 했다. 기초체력이 받쳐줘야 고강도 훈련을 견뎌낼 수 있고 국가 비상사태에 힘이 되는 장병이 된다는 것이다. 어린 철부지가 얼마나 고생을 했으면 그새 철이 들어서 씩씩한 군인으로, 늠름한 사내로 거듭나고 있구나. 콧잔등이 시큰해졌다.

우습게도 제 코가 석 자인 녀석은 우리 부부에게 조언을 한다. 군대에 아들을 보낸 부모로서의 자세에 대해서다. 날마다 아들 걱정하느라 부모의 삶을 뒤로하거나 내팽개쳐서는 안 된다고 한다. 오히려 '우리 아들, 또 휴가 나오나? 벌써 제대를 하나?'라는 자세로 살아야 한단다. 자식에게 집착하면 자식이 부담스럽고 의존심이 커져 발전이 더디고, 부모 또한 자신의 인생이 사라지니 서로가 편안할 수 있도록 사랑도 관심도 적당하게 하라는 의미이리라. 자식이 부모 심정을 어이 다 알겠는가. 그래도 부모를 생각하는 녀석이 대견스럽기만 하다.

망가진 휴대폰 케이스를 짜맞춰본다. 뾰족한 귀퉁이가 손끝에 까끌하게 와 닿는다. 아들이 입영 전날 짧게 깎은 머리를 가만히 쓰다듬던 느낌이다. 보기에는 다소 민망하지만 곧장 교체하고 싶지는 않다. 아들 소식을 기다리며 가슴에 소중히 품던 휴대전화이고 보호막이기에 그것마저 감사하고 익숙해졌기 때문이다.

아들의 자리

컴퓨터를 켜는 아들의 손가락이 가늘게 떨린다. 좀 전의 해맑은 미소는 화면 속으로 던져버렸나 보다. 표정도 어깨도 딱딱하게 굳어있다. 선택을 여지없이 받아들일 수밖에 없는 운명이 결정되는 순간이다. 불안하게 모니터를 주시하는 녀석의 눈빛에는 체념과 함께 비장한 각오마저 비친다. 그 모습을 지켜보자니 조바심이 난다. 슬쩍 자리를 비킨다.

TV 볼륨을 올려 무거운 정적을 깨뜨려 보지만 초조한 마음은 더해만 간다. 까마득히 잊고 있었던 감정이 올라온다. 2년 전쯤 막내인 녀석의 대학입시 합격 여부를 확인하던 날보다 더 긴장되고 불안해진다. 다른 것도 아닌 아들의 안전이 걸린 문제이기에 더욱 신경이 곤두설 수밖에 없다.

밤새 걱정으로 뒤척이던 아들의 새우등 뒷모습이 눈에 밟힌다. 어미 마음이 이렇게 아린데 집을 떠나 살아본 적 없는 아들은 얼마나 심란할까. 대한민국 남자라면 누구나 가야 하는 군대이고 인격이 무시되던 예전과 다르니 걱정하지 말라며 스스로 식구들을 안심시키던 녀석이다. 그러나 막상 그 누구가 대신할 수도 동행할 수도 없는 날짜가 코앞으로 다가오니 입영에 대한 부담은 듣거나 상상했던 것 이상인가 보다. 유례없는 폭염과 열대야로 심신이 지쳐있는데 밤잠마저 설칠세라 거실에 에어컨을 켜고 각 방문을 열어두었건만 녀석의 방은 오랫동안 불이 꺼지지 않았다.

얼마 후 쓴웃음을 지으며 녀석이 다가온다. 훈련 강도가 우리나라에서 최강으로 소문난 최전방 사단으로 배치되었단다. 몇 개월 전, 맨 처음 지원 때 너무 놀라서 취소했던 곳인데 결국 마지막 기회인 세 번째에 다시 배정되었다. 뜻밖의 실망스러운 결과에 한숨만 푹푹 내쉰다. 가만히 작은 등을 토닥였다. 2주 후에는 어쩔 수 없이 국가의 부름에 따라야만 한다.

그날 이후 아들의 시계는 다급해졌다. 찌는 폭염도 아랑곳하지 않고 친구들이 부르는 환송 모임에는 빠짐없이 참석하고 전역한 선배들의 조언에도 귀를 기울였다. 모임 횟수가 거듭되면서 녀석의 요동치던 마음도 진정되어갔다. 피할 수 없는 현실을 담담하게 받아들이기 시작했다. 그러면서 희망을 엿보기도 하고 걱정하는 우리를 되려 안심시키기도 했다.

드디어 입영일이다. 뜬눈으로 밤을 지새운 녀석은 꼭두새벽부터 부산하게 움직였다. 전날 머리카락을 짧게 깎아 씻을 것도 없건만 꼼꼼히 머리를 감고 샤워를 한다. 들고 가야 할 입영통지서와 신분증, 나라사랑카드 등을 다시 한 번 챙겼다. 걱정하지 말라고 해도 학교 사이트가 열리는 날 휴학 신청을 해달라며 거듭 부탁을 한다. 이른 새벽에 만든 엄마표 유부초밥 두어 개를 아침 식사로 때우고 일어선다.

이제 집을 나서야 할 시간이다. 즐겨 입던 까만 추리닝 바지 위에 낡은 흰색 반팔 티셔츠를 챙겨 입은 녀석이 에코백을 둘러메고 검정 모자를 눌러쓴다. 무심코 거울에 모습을 비춰보다 재빨리 고개를 돌려 버린다. 그리고 젖은 눈으로 집을 한 바퀴 휘 둘러보았다. 한동안 오지 못할 보금자리이기에 얼마나 그리울까. 건강하게 잘 다녀오라는 누나들의 목멘 배웅인사를 삼키며 집을 나섰다.

부산에서 강원도 소재 신병교육대까지는 생각보다 멀고도 험난했다. 자동차로 반나절을 넘게 운전해야 도착하는 곳이었다. 녀석을 못

본다 생각하니 가슴이 미어지는데 고생길이 불 보듯 훤한 낯선 험지에 내 새끼를 두고 와야 한다 생각을 하니 참았던 눈물이 왈칵 쏟아진다. 힘들면 참지 말고 언제든지 울어도 된다는 말에 꾹 참고 있던 녀석도 고개를 돌린다.

예정되었던 오후 2시, 신병교육대 강당에서 입영식이 거행되었다. 식 30여 분 전부터 부대의 정문이 열렸다. 그나마 다행인 것은 따라온 부모들도 지급받은 방문증으로 입영식을 참관할 수 있었다는 점이다. 아들을 비롯한 또래 까까머리 청년들의 얼어붙은 기립자세에 가슴이 뜨거워졌다. 마지막 식순에 따라 신병들도 부모들도 눈물로 외쳤다. "부모님, 사랑합니다~.", "아들아, 사랑한다!" 짧은 상봉을 끝으로 부모 자식은 6주간의 생이별을 하고 말았다.

애지중지 키운 아들을 군대에 보낸 한국의 부모들이 새삼 존경스러웠다. 그 마음이 얼마나 쓰리고 가슴이 미어지는지 겪어보지 않은 사람은 모른다. 물론 제일 힘든 사람은 이제 입대하는 아들이리라. 태어나 처음 머나먼 타향 오지에 떨어져서 낯선 사람들과 군 복무를 해야 하는 아들로서는 두려움이 오죽하랴.

무리 속에 섞여 멀어져가는 아들의 뒷모습을 하염없이 바라보다가 선임 사병들의 퇴장 독촉에 발길을 돌렸다. 아들을 태워 오전 내내 달려왔던 길을 다시 내달린다. 길도 사람도 차도 똑같은데 조금 전까지 함께했던 아들은 곁에 없다. 숙연한 표정으로 앞만 응시하던 우리 부부는 누가 먼저랄 것도 없이 뒷좌석을 자꾸만 돌아다 보았다.

아들의 부재는 집에 도착하니 현실로 다가왔다. 습관대로 무심코 아들의 방을 바라보다 주인 없이 텅 비어 있는 컴퓨터 의자를 보고는 정신이 번쩍 들었다. 시무룩하게 이불과 옷가지를 정리하노라니 녀석과의 추억들이 올올이 살아난다.

낮은 자세로 가지런히 두 손을 모은다. 아들과 또래 청년들이 군 복무를 무사히 마칠 수 있기를 간절히 빈다. 아들아, 사랑한다. 잘 지내다 오렴. 이 땅의 모든 군 장병들에게도 신의 가호가 함께하길 기원한다.

외투를 던지다

얼마 전 인터넷을 달군 한 동영상을 보고 깜짝 놀라 입이 딱 벌어졌다. 중국에서 칠천 톤의 학교 건물을 통째로 수십 미터 이동하는 영상이었다. 도시개발계획에 따라 오랜 전통을 지닌 학교를 철거하는 대신 수많은 건물 보행기를 장착하여 옆으로 옮기는 장면이었다. 그들 선조의 우직한 믿음에 기초한 것이 아닐까 싶다.

옛날, 중국 북산에 우공이라는 노인이 있었다. 부지런한 그에게는 평생 풀리지 않는 고민이 있었다. 그것은 바로 집 앞을 떡 하니 가로막은 커다란 산이었다. 눈만 뜨면 내다보는 전경을 가로막을 뿐 아니라 건넛마을에 볼일이 있어도 험한 산길을 타거나 강기슭을 헤치며 주변을 빙 돌아서 다녀야 하니 불편함이 그지없었다. 산을 옮기기로 마음먹었다. 그는 무모하다는 주변 사람들의 비난에도 불구하고 가족을 설득하여 함께 돌을 옮기고 흙을 퍼 날라 기어코 산을 옮겼다고 한다. 여기에서 유래된 고사성어가 '어리석은 사람이 산을 옮긴다.'는 '우공이산愚公移山'이다.

'뜻이 있는 곳에 길이 있다.'고 했다. 힘들어도 인생이 살만하다는 우직한 믿음을 심어주고 살아남도록 내게 동기부여가 된 것은 바로 만화책이었다. 모두가 먹고살기 어려웠던 시절, 비좁은 만화 책방은 늘 사람들로 붐볐고 눈이 휘둥그레질 정도로 많은 동전이 오갔다. 십리길을 걸어가야 버스를 탈 수 있는 벽촌에서 만화책은 유일한 문화생활이자 즐길 거리였다. 끼니 걱정이 먼저인 꼬맹이에게 만화방 출입은 언감생심이었다. 까치발로 벽에 기대서서 쪽창 안을 기웃거리는 것만으로도 행복했다. 남루한 구멍가게이지만 벽면을 화려하게 도배한 신작 만화 홍보물로 인해 아무렇게나 휘갈긴 가게 이름조차 신기루처럼 휘황하게 느껴졌다. 어쩌다 만화책이 흘러서 수중에 들어오면 호롱불에 비춰가며 밤새 읽고 또 읽었다. 재미에 푹 빠져서이기도 했지만 대여 기간을 지켜야 했기에 좀처럼 손에서 놓지를 못했던 것이다.

만화책은 나에게 커다란 위로가 되어주었다. 암울한 쥐구멍에도 볕들 날 있다는 희망을 주었고 불안정한 정서에 한겨울의 부뚜막처럼 온기를 뿜어 안정시켰다. 만화가들의 뛰어난 그림 솜씨는 늘 아이를 탄복하게 만들었다. 만화가를 닮고 싶은 마음에 모방하여 그리는 즐거움은 상상외로 컸다. 찌그러지고 어설프기만 하던 소녀의 그림에도 제법 균형 감각이 생기고 배경 그림도 그럴듯한 모양새가 나왔다. 노력이 쌓이는 동안 사람의 움직임과 자연 풍경에 대한 관찰력도 싹트기 시작했다. 선생님과 친구들의 칭찬에 힘입어 아이는 무시로 땅바닥에 부지깽이로 그림을 그리곤 했다. 초등학교 대표로 나간 신문사 주최 그림대회에 당당히 수상하면서 아이에게도 조금씩 자신감이 생겨났다.

'흥부와 놀부', '콩쥐와 팥쥐' 등 권선징악의 내용 전개는 늘 흥미진진했다. 등장인물들의 성격과 행동이 반영된 특유의 표정 그림만 보아도 아군인지 적군인지 쉽게 구별할 수 있게 되었다. 슬픔이 출렁이는 순한 눈빛의 착한 주인공에 감정이입이 되어 함께 분개하고 슬퍼하면서 사람으로서의 기본 도리를 생각하게 되었다. 해피엔딩의 끝 페이지를 움켜쥔 손과 바라보는 두 눈은 떨리기만 했다. 마지막에 빛나던 주인공의 행복한 미소는 두고두고 뇌리에서 지워지지 않았다. 착하게 살면 언젠가 나에게도 신분 상승의 기회가 오리라는 어설픈 믿음이 커져갔다.

고사성어 우공이산愚公移山은 지금으로선 상상할 수도 없는 구시대적 관습이지만 당시의 자식들은 부모의 말이라면 '악법도 법이다.'며

주어진 사약을 삼킨 소크라테스처럼 무조건 따라야 했기에 가능했던 이야기이다. 후손을 위해서라도 산을 옮기겠다는 노인의 굳은 결심과 가족의 끈질긴 노력은 하늘을 감동시켰고 결과적으로 큰 결실을 맺게 되었다. 비슷한 뜻을 담은 우리나라 속담 '우물을 파도 한 우물을 파라.'는 정신도 배워야 할 부분이다. 흔들리지 않는 목표가 노인에게 살아갈 이유가 되었듯이 나 역시 유년 시절에 가까이한 만화책을 통해 살아갈 이유를 찾았다. 비루하고 허망한 인생일지라도 가치가 있다는 걸 깨닫게 되었고 그 신념은 지금껏 나를 살리는 힘이 되고 있다.

오늘도 살아내고자 외출을 위해 거울 앞에 선다. 외투를 입으니 커다란 덩치가 더 부각된다. 여자의 외모를 강조하던 누군가의 한숨 섞인 충고도 눈앞에서 어른거린다. 육중한 건물을 들어 올려 통째 이사를 하는 마당에 거대한 내 몸 하나 뜻대로 건사 못해 무겁게 살아서야 되겠나. 누가 아는가. 나도 꽤 괜찮은 외모를 가진 여사님으로 탈바꿈할지. 이참에 결점을 덮어주던 풍성한 외투를 벗어 던지도록 해볼까.

바이러스

설치레를 톡톡히 치렀다. 새해를 알차게 보내리라는 각오는 온몸 세포를 무력화시키는 감기몸살 앞에 흔적 없이 무너졌다. 나이는 한 살 더해졌을 뿐인데 몸은 천근만근이고 회복력이 예전 같지 않다. 하필이면 이 민감한 시기에 기침감기라니 두문불출할 수밖에 없다.

요즘은 뉴스 보기가 두렵다. 예능프로그램 채널을 돌려도 하단에 흐르는 자막 뉴스가 외면하는 시선을 사로잡는다. 중국에서 '우한 폐렴'

으로 시작된 신종 코로나바이러스 환자가 우리나라에도 급속도로 늘어나고 있다. 코로나바이러스는 일반적으로 호흡기를 감염하는 바이러스라고 한다. 수년 전 침방울의 감염으로 알려진 사스나, 낙타에서 전염된 것으로 추정하는 메르스도 모두 변종 코로나바이러스에 의해 발생되었다.

우한 폐렴의 최종 명칭이 된 '코로나19'가 공포의 감염병이 되었다. 사스나 메르스보다 더 위협적인 이유는 치사율이 높고, 증상이 나타나지 않는 잠복기에도 전염력이 강하다는 것이다. 뉴스 속보에는 시시각각 전국의 확진 환자와 사망자 수를 보도하고 있다. 음식점이나 관공서 등에서도 환자가 속출하고, 병원과 종교시설에서 무더기 환자가 쏟아지니, 오염되지 않았던 청정 지역들마저 뻥 뚫리고 말았다. 사태가 걷잡을 수 없을 지경에 이르러 감염병 위기 경보는 최고 수준인 '심각' 단계로 강화되었다. 따라서 대규모 행사가 금지되고 외출과 대중교통 이용을 자제하였으며 전국 학교는 개학이 연기되었다.

바이러스로 인한 진풍경은 곳곳에서 벌어졌다. 감염자가 발생할 때마다 순서대로 고유번호가 매겨져 병원에 이송되고, 지난날 이동 경로가 공개 노출되며 접촉한 사람들에게는 가택연금 조치가 내려졌다. 일면식도 없는 누군가와 한 공간에 있었다는 이유로 개인과 가족이 격리되고, 직장과 다중시설이 통째 마비되었다. 마트에는 쌀과 생수, 통조림과 화장지 등 생필품을 구입하려는 사람들로 장사진을 이루기도 했다. 마스크는 필수가 되었으며 확진자가 늘면서 흔하던 마스크 품절 대란 사태까지 벌어지기도 했다. 엘리베이터 버튼도 접촉을 막기 위해서 손가락 대신에 옷소매나 팔꿈치는 물론이고 물병이나 면봉으로도 누른다. 서로가 의심의 눈초리로 외면하고 멀찌감치 떨어져 이동하거나 볼일을 보게 되었다. 사회적 거리두기와 비대면의 신풍속도가 일상이 되어버렸다.

가족들은 집에서도 마스크를 반쯤 쓰고 있는 내가 답답해 보이나 보다. 음식을 할 때 혹시 모를 기침이 날까 봐 착용하지만 그들은 불편해한다. 심지어 한 수 더 떠서 빨리 낫지 않는다고 환자를 나무란다. 건강관리를 제대로 하지 못한다는 비난이기도 하다. 아픈 것이 좋아서 아파하는 사람이 어디 있을까. 평소 같으면 웃어넘길 일이지만 가슴 통증이 오는 기침을 해대던 나로서는 발끈해질 수밖에 없었다.

어떻게 보면 비난도 바이러스와 같다고 하겠다. 실체가 눈에 보이기라도 하면 오죽 좋으랴. 미리 피하거나 방어라도 할 텐데. 형체도 없고 색과 냄새도 없는 바이러스가 무방비 상태의 사람에게 스며들어 생사를 넘나들게 한다. 비난 역시 상대의 감정을 공격하여 주눅 들거나 반감을 가지게 만든다. 정도가 심하면 서로에게 돌이킬 수 없는 상처를 주기도 한다.

바이러스와 비난이 문제가 되는 것은 몸이나 마음 깊숙이 머문다는 것이다. 들어왔다가 스치듯 빠져나가면 예방주사처럼 면역력이 생겨 더욱 건강해질 수도 있겠다. 하지만 그것들이 똬리를 틀면 육체와 정신이 병들고 나날이 정도가 심해진다. 따라서 건강하고 위생적인 생활로 바이러스를 차단하고, 비난으로부터는 멀찌감치 떨어지거나 내공을 쌓아 마음이 다치지 않도록 해야 한다.

바이러스가 좋은 의도로 사용될 때도 있다. 한 사람의 말이나 행동을 통해 주변 사람도 행복을 느끼고 그것이 널리 퍼뜨려질 때 행복 바이러스라고 부른다. 모임에 그런 사람 한 명만 있어도 시종 웃음꽃이 떠나질 않는다. 바라던 일이 이루어져 행복해하는 사람, 어찌해도 괜찮다며 웃어넘기는 낙천적인 성격과 여유를 가진 사람은 보기만 해도 흐뭇하다. 사람 사이의 정이 옅어지는 요즘 세상에 나에게도 해피 바이러스를 지닌 이웃들이 있어서 고맙기만 하다.

이웃 아우 딸의 의과대학 합격 소식이 내 일처럼 반갑고 고맙다. 축하 인사를 건네면서도 수많은 날을 수험생 부모로서 감당했을 수고로움이 떠올라 가슴이 찡해왔다. 일흔을 훌쩍 넘긴 아파트 성님은 무명가수로 데뷔한 이후 처음으로 TV에 나오게 되었단다. 흥분을 가라앉히고 방송 프로그램과 시간을 안내해주신다. 혹여 놓칠세라 방송 시간 알람을 맞추고 본인도 찾느라 쩔쩔매던 생생한 명장면을 찍어 보내드렸다. 자기 관리에 있어서 둘째가라면 서러워할 무명 가수 성님의 우아한 모습과 애잔한 노랫가락이 깊어가는 이 밤을 적시고 있다. 내가 보낸 동영상 파일을 성님은 두고두고 보면서 주변에 퍼뜨리시려나. 그러면 나도 작은 해피 바이러스 역할을 한 셈이 되겠지.

모쪼록 코로나 바이러스가 하루빨리 진정되고 종식되길 바란다. 다행히 어제부터 기침은 잦아들었다.

가랑비에 옷 젖는 줄 모른다

꽃샘추위에 옷깃을 동여맨다. 백화점 문화센터 봄 학기 수강하러 가는 길이다. 지난주에 이어 막내와 함께였다. 노래 발성법을 배우고 싶다는 대학 2학년 아들을 위해 군대에 가기 전까지 배워보라며 내가 다니고 있는 토요일 '혼성가곡교실'에 등록한 것이다.

운전하면서 백미러에 비친 아들에게 당부했다. 강의실에 들어가면 어른들께 허리 굽혀 인사해라, 표정을 밝게 해라, 고개 들고 등과 어깨를 쫙 펴라…. 그러나 고분고분 듣고 있을 녀석이 아니다. 미처 끝맺지 못한 말도 곧장 부메랑이 되어 되돌아왔다. 내가 하는 말이 얼마나 사람을 무기력하게 하는지 모른단다. 다 큰 자식에게 이것저것 지시하며 갑을관계를 만드는 것 같아 마음에 상처가 된단다. 나는 녀석이 혹시나 사람들 앞에서 실수할까 봐 걱정되어 짚어준 말인데 고마워하기는커녕 불평만 늘었다. 내 마음도 편하지 않았다.

요즘은 텔레비전 켜기가 무섭다. 보고 싶지 않아도 시청자들의 눈과 귀를 사로잡아버리는 특정 뉴스 때문이다. '설마 저 사람도?' 하는 자타공인 저명인사들의 이름이 번갈아가며 거론된다. 괜히 내 마음까지도 씁쓸해지고 울적해진다. '미투 운동'으로 남성들의 일방적인 성폭력행태가 추악한 민낯을 드러내고 있다. 막장드라마에서나 접할 법한 일들이 현실에서 버젓이 일어나고 있었다는 사실이 놀랍다.

애석하게도 미투 가해자로 지목된 인물 중 한 사람이 스스로 생을 마감했다는 소식이 들렸다. 너무 충격적인 보도에 사람들은 혀를 차며 안타까워했다. 교수로서 딸 또래의 제자들에게 해서는 안 될 신체접촉 사례들이 언론에 폭로되면서 감당하기 어려운 심적 부담을 느낀 것 같다. 유서 속에는 녹록지 않은 배우의 길을 안내하고자 엄격한 교수가 될 수밖에 없었고 그 엄격함을 사석에서 풀어주려고 노력했다는 것이다. 그러나 교수 자신의 일방적인 착각일 뿐 학생들의 성적 수치심과 모멸감은 생각지도 않은 행동이다. 사랑과 배려도 상대가 원하는 방식으로, 상식이 통하는 선에서 표현해야 하는데 자신의 욕구에만 충실한 것 같아 한숨이 나왔다. 옛말에 '죄는 미워하되 사람은 미워하지 말라.'는 말도 있건만 좋은 연기자이기도 한 그는 왜 그리도 성급한 결정을 내려버렸는지…. 인간적으로 안타깝다. 그렇게 떠남으로써 남아있는 가족들이 받을 상처와 후유증이 얼마나 크고 깊을지를 생각해본다. 스승을 죽음으로 몰아붙인 꼴이 되어버린 피해자들의 당혹감과 수치심은 어떻게 위로받고 보상받을 수 있을까. 법 앞에서 시시비비를 가려 죄가 있다면 당사자들에게 사죄하고 죗값을 달게 받으며 자숙하는 방법도 있으련만.

같은 날 비슷한 시각, 미투의 또 다른 가해자로 지목된 유명 정치인은 두문불출 끝에 자진해서 검찰에 출두하였다. 그는 여권의 가장 유력한 차기 대선주자로 주목받고 있던 인물이다. 특유의 카리스마와 친근한 이미지로 '한국의 오바마'라고 불리기도 했다. 그는 참신하고 깊이 있는 내용의 군더더기 없는 연설로 많은 사람에게 감동과 신뢰감을 주었다. 그러나 검찰청 포토라인에 서서 거듭 '죄송하다.'고 말하는 그는 이전의 여유롭고 당당하던 모습과는 판이하게 다르다. 욕설과 비난이 쏟아졌다. 한 사람의 정치인 역시 한순간의 잘못된 생각과 행동으로 공들여 온 자신만의 아성을 하루아침에 무너뜨려 버린 것이다. 또한 피해 여성에게 씻을 수 없는 상처를 준 가해자로 전락하고 말았다. 이제 그는 준엄한 법의 심판을 기다리는 처지가 되었다. 그를 지지하던

한 사람으로서 내 마음도 복잡하기만 하다.

가해자는 피해자가 눈물로 피해 사실을 폭로하고 대중들이 떠들썩하게 공론화시키지 않는 이상 자신의 잘못을 '범죄'라고 인식하지 못하고 있다. 남자니까 괜찮다는 남성 중심적 사고방식에서 벗어나지 못한 채 여성 인권을 외치는 거짓 엘리트의 이중성이 적나라하게 드러나면서 이제는 선량한 남성들에게까지 의심의 눈초리를 보낼 수밖에 없게 된다. '타인에게 피해를 주어서는 안 된다.'는 도덕성과 기본적인 양심을 지키지 않는 이상 명예와 권력은 사상누각일 수밖에 없다.

'가랑비에 옷 젖는 줄 모른다.'는 말이 있다. 무슨 일이든 처음에는 가볍게 시작되어 대수롭잖게 여기기 쉽다. 바람직한 행동이 거듭되면 큰 성공을 거두겠지만, 비난받을 일이 반복되면 큰일이다. 정도政道에서 멀리 벗어나 버린 자신을 발견했을 때는 이미 늦을 수 있다. 미투 관련자의 운명처럼 서로에게 돌이킬 수 없는 치명타가 되기도 한다. 아니다 싶을 때는 곧장 멈추는 결단이 필요하겠다.

옆자리에 앉아 맑은 바리톤 목소리로 노래 부르는 아들이 대견스럽게 느껴진다. 그래, 아무리 상대가 고맙더라도 그걸 빌미로 너의 인권이 묵살당하면 안 되지. 자신의 인권은 스스로 보호하고 지켜야 하는 거야. 늘 어린아이 같기만 하던 녀석의 자기방어적 일침에 정신이 번쩍 들었다. 나 역시 자식의 입장은 무시한 채 내 방식대로 서서히 잔소리

꾼이 되어갔음을 깨닫게 된다. 사람은 수시로 타인의 충고에 귀를 기울일 필요가 있겠다. 오늘따라 아들의 키가 한 뼘은 더 커 보인다.

설거지

아무 생각이 없다. 무심한 이 상태가 한없이 편안하다. 식구들이 만족스레 저녁 밥상을 물렸으니 주부로서 오늘 할 일은 다 한 셈이다.

물론 설거지랑 빨래를 개어 정리하는 일 등이 남아 있긴 하다. 그러나 그건 가족과 당장 직결된 일도 아니고 서둘러 끝낼 성질도 아니기에 그다지 신경 쓰지 않아도 된다. 이후 일은 내 마음이 동할 때 콧노래 흥얼대면서 쉬엄쉬엄하면 된다. 텅 비워진 그릇들을 밥상에 둔 채 한가로이 앉았다. 종일 바쁘게 움직이던 팔다리와 두 손도 가만히 내려뜨렸다. 열린 시간의 느긋함과 푸근함이란….

'카톡!' 소리에 휴대폰을 찾아서 다시 식탁에 앉았다. 고향 친구들의 단톡방이다. 총무를 맡은 친구가 모임 날짜를 잡기 위해 일정을 물어왔다. 답장은 백수인 내가 제일 먼저 보냈다. 언제든지 가능하다고. 저녁밥 시간대라 그런지 친구들의 응답이 가물에 콩 나듯 하다. 문자 확인조차 않는 친구도 있다. 찬찬히 친구들의 프로필 사진을 훑어보았다. 각자의 근황이 눈에 선하다. 다들 행복한 표정이다. 특히 꽃을 배경으로 찍은 인물 사진이 눈부시다. 활짝 웃는 얼굴에선 유년 시절의 태평스러움과 천진함이 그대로 배어 나온다. '어쩜 저리도 예전이랑 똑같을까?' 하는 생각이 올라온다. 그러나 이내 친구들의 무너진 몸매나 중력으로 처진 피부, 넓어진 가르마 등 달라진 면모를 살피고 있다. '옛날이랑 똑같다.'는 말은 나이 든 사람들의 전유물이라고 비튼 문구가 생각나서이다. 나 역시 즐겨 쓰는 말이기에 잠시 무춤해진다.

모임 날짜를 잡는 데 의견이 분분하다. 모두 자기 스케줄이 우선이다. 쉽사리 날짜가 좁혀지지 않는다. 간간이 들려오는 문자 알림을 수시로 확인하게 된다. 그러다 보니 다른 일을 시작할 수가 없다. 조율 끝에 가까스로 결정이 났다. 드디어 날짜 설거지를 마친 셈이다.

친구들을 만날 기대로 붕 떠오르던 마음은 수북한 싱크대를 보고선 제초제 맞은 잡풀마냥 바닥에 뚝 떨어졌다. 다섯 식구의 밥그릇과 국그릇, 반찬 접시들, 컵으로 한가득이다. 게다가 좀 전 입맛을 사로잡았던 얼큰한 김치찌개의 흔적이 뚝배기 내벽에 빨갛게 굳어있다. 한숨 쉴 일이 아니다. 어차피 해야 할 일인데 기분 좋게 전략적으로 해야 할 터.

일단 기름기가 있는 뚝배기와 국그릇, 숟가락에 뜨거운 물을 부어 부착물을 녹였다. 그리고 주방세제 묻힌 수세미로 그릇을 문지르고 하나하나 깨끗이 헹구어 낸다. 뽀독뽀독 소리가 나는 그릇을 수납 선반에 정리한다. 마지막으로 싱크대 물기까지 닦아낸 행주를 빨아서 널어두었다. 주방이 훤하고 빛나니까 내 마음도 투명해진다.

설거지는 우리가 살아가는 데 가장 중요한 식사의 마무리 단계이다. 또한 다음 끼니 등 음식을 담을 용기를 즉시에 제공해준다. 그런 의미에서 설거지는 다음 일 또는 새로운 출발을 위한 철저한 준비단계이기도 하다.

대부분의 스포츠도 마지막 설거지 작업은 매우 중요하다. 축구에선 팀원들의 패스나 상대 팀에서 낚아챈 공을 정확하게 골인시켜야 한다. 최종 공격수의 설거지 슛은 대부분 경기의 승패를 가르는 결정타가 된다. 배구에서는 공중에 떠오른 공을 강렬한 스파이크로 반대편 코트를 향해 내리꽂는 마지막 주자의 역할은 절대적이다. 마찬가지로 개인기록경기인 골프에서도 설거지 작업은 매우 중요하다. 그린 위에서 채로 공을 홀컵 속에 밀어 넣기 위해 지면의 상태와 공의 방향, 거리를 신중하게 가늠한다. 설거지 퍼팅 한 방으로 공이 빨려들 듯 홀컵에 들어간다면 그야말로 심신이 힐링된다.

며칠 전 지인들과 함께한 골프 라운딩이 떠오른다. 골프 웨어를 입고 필드에 나온 모습들이 눈부셨다. 그러나 라운딩을 마치고 민낯의 아낙들이 식당에 모였을 때는 좀 전의 화려하고 엘레강스한 포즈는 흔적도 없다. 가식 없이 편안한 말투로 "나, 사실은 말야…."로 시작되는 자기 생의 고뇌를 하나씩 토해내기 시작했다. 어느새 메아리 되어 "너만 그런 거 아냐. 나는 말야…."로 받으며 고단한 일상들이 릴레이로 성토장에 떠오른다. 결론은 한결같다. 가족들 뒷바라지로 힘들겠지만 우리들 인생도 보살피자는 것이다. 결국, 공 연습 열심히 하고 필드에서 심신을 맘껏 설거지하며 건강하게 살아가자는 의미이다.

휴일 낮, 집안 설거지를 끝내고 스크린 골프를 쳤다. 어프로치와 퍼트 등 설거지가 잘 안되었다. 당연히 스코어도 엉망이다. 그렇지만 지인들과의 라운딩 예약에 내 마음은 벌써부터 가벼워진다. 이번에는 숏게임 설거지를 잘 해보리라 다짐해본다.

괜한 오지랖

'야~야~야~ 내 나이가 어때서~'

오랜 공백을 딛고 재기에 성공한 중년 가수의 선창에 가요프로그램 출연진 모두가 기립하여 떼창을 한다. 청춘의 뒤안길에서 애틋한 마음으로 혹은 가사가 주는 흥겨움에 감정이입을 하면서 부른다. 가수는 웃으며 노래하는데 내 마음은 괜히 남의 일인데도 짠해 온다.

가수는 집이 싫어져서 나왔다고 한다. 아내의 빈자리가 너무 크게 와 닿아 힘들었던 것이다. 고운 모습과 화사한 미소로 안방극장을 주름

잡던 그녀는 온 국민이 사랑한 탤런트이자 배우였다. 투병 중에도 밝은 얼굴로 연기에 투혼하던 그녀는 아들의 결혼식을 앞두고 다시는 돌아올 수 없는 곳으로 떠나갔다. 우리 시청자들의 비애감도 큰데 사랑하는 배우자를 잃은 당사자의 상실감은 오죽하랴 싶다.

내 아이들은 "엄마는 이성보다 감정선이 발달하여 오지랖 넓은 게 문제다."라고들 하지만 나는 개의치 않는다. 드러나지 않는 타인의 뼈아픈 속엣말이 들려오는 듯하여서다. 그렇다고 누구를 크게 도와주거나 자원봉사를 하는 것은 아니다. 단지 구호가 절실한 경우를 맞닥뜨리면 자동 이체하거나 후원회 가입 등 내가 할 수 있는 작은 것만 한다. 여유가 있는 건 아니지만 한두 살 나이가 겹쳐지면서 세상은 '혼자 신바람나게'가 아니라, 조금 나은 형편의 사람이 힘든 사람의 손을 이끌며 '함께 살아가는 곳'이라는 생각이 강해졌다.

자식이 미간을 찌푸리는 오지랖은 무시로 드러난다. 재래시장에서 장을 볼 때도 무심히 물건을 건네는 노점상에게 요리법을 물어보며 말을 건넨다. 나잇살 있는 주부가 새내기처럼 뜬금없이 물어오는 통에 처음엔 다소 어이없다는 반응이다. 그러나 곧장 신바람나서 자신의 비법을 알려준다. 졸음에 겨워하던 눈에도 빛이 난다. 덤으로 맛있는 참기름집이나 정육점도 상세히 가르쳐준다. 소개받은 가게에 가서는 저쪽 아주머니가 추천해서 왔다고 오지랖 넓게 말을 덧붙인다. 그러면 이쪽저쪽의 눈빛이 다정하게 교차되며 비싼 고기 한 덩어리가 덤으로 포장된다.

'고기도 먹어본 사람이 많이 먹는다.'는 속담처럼 가난에 익숙한 사람이 동병상련으로 허기진 자의 아픔을 더욱 잘 아는 법이다. 나 역시 가난에 절어 살았기에 애절한 눈빛을 외면하기 어려웠다. 신규 교사로 발령받은 첫 부임지에서는 관례에 따라 신학기 초면 가정방문을 했었다. 가정환경 조사서에 차마 기입하지 않은 형편들을 눈으로 확인하노라면 억장이 무너지는 듯했다. 박봉을 쪼개어 아이들과 나누었다. 몇 벌의 체육복과 스케치북, 크레파스, 물감을 잔뜩 구입하였다. 크리스마스날 작은 선물을 손에 쥐거나, 당직날 담임을 보러온 아이들은 짜장 우동 파티로 행복했다. 오지랖은 더 발동하여 조손가정의 노인들에게 전할 겨울 내의도 챙겼다.

제자들이 졸업한 텅 빈 교실을 청소하던 어느 날이었다. 갑자기 스피커 방송에서 나를 찾았다. 교무실에 와서 전화를 받으라는 교무부장님의 걸걸한 목소리다. 휴대폰은 물론 인터폰도 없어 개인적인 호출마저 학교 전체 방송을 타던 시절이었다. 수화기 너머로 한숨부터 들려온다. 꼭대기 층 교실에서 뛰어 내려오는 시간이 길었나 보다. 인근 중학교 교무부장이라고 했다. 요건은 내 제자 중 한 명이 납부 일자가 지났는데도 중학교 입학금을 내지 않았다는 것이다. 좀 더 기다려보라고 하자 뜻밖의 답변이 돌아왔다. 가정 형편이 어려워 중학교 진학을 하지 못한단다. 학급 배정까지 끝난 마당에 초등 담임인 내가 그걸 알고 입학원서를 썼냐는 항의성 전화였다.

내가 아는 그 아이는 예쁘장하고 착실했다. 미루어 짐작건대 집안은 아이들이 부러워하는 중산층이다. 일기장은 온통 부모님과의 자동차 가족 여행이 주를 이루었다. 일요일에도 쉬지 못하고 가족 낚시를 가야한다거나 피아노 연주를 못 해 피아노 강사인 어머니로부터 야단맞아 투덜대는 내용이 많았다. 곧장 아이 집으로 다이얼을 돌렸다. 놀랍게도 아이는 부모의 이혼으로 큰집에 더부살이를 하고 있었다. 그 집 또한 겨우 생계를 유지하는 터라 중학교 진학은 무리라는 것이다. 그날 밤만 지나면 아이는 기숙이 가능한 공장에 간다며 나더러 신경을 쓰지 말라고 했다. 어찌 신경이 안 쓰일 수 있으랴. 어린 시절 상급학교 진학 여부를 두고 주변의 처분만 불안하게 지켜보던 내 모습이 겹쳐졌다. 책임지지 못할 오지랖이 또 작동을 했다. 설득에 들어갔다. 꿈쩍도 하지 않던 아이의 큰어머니는 입학금뿐 아니라 중학교 3년 내내 학비를 대신 내어주겠다는 내 말에 겨우 마음을 돌렸다.

제자는 한동안 나를 찾아왔다. 매번 등록금은 송금하면 되지만 여학생에게 필요한 물품을 사려면 용돈이 필요하기에 월급날마다 오라고 한 것이었다. 중학교를 마치고 고등학교 졸업을 앞둔 아이에게 말했다. “이제 너는 혼자 자립할 수 있는 힘이 있으니 더 이상 나를 찾아오지 않아도 된다. 너도 부담스러울 테고 나 역시 부담된다. 고마운 마음이 인다면 너는 내가 아닌 다른 누군가에게 베풀어라.” 이제는 아이 엄마가 되었을 그 아이는 분명 배려심 깊은 삶을 살고 있으리라.

명퇴한 지 수년이 흐른 지금 현직에 있던 지난날을 돌이켜본다. 필요 없이 오지랖이 넓었다는 생각에 쓴 웃음이 나기도 한다. 연구부장으로 일할 때는 하늘의 별 따기 만큼 어렵다는 '연구학교'를 시교육청으로부터 따오기 위해 동료 교사들부터 설득하려고 연구학교 운영계획서를 작성하여 호소하다시피 했다. "주부로서 가장 마음 아플 때가 언제인지 아십니까? 정성으로 만든 뜨거운 음식을 맛도 보이지 못한 채 쓰레기통에 버릴 때입니다. 여러 날 밤새워 만든 이 연구계획서가 빛도 보지 못하고 쓰레기통에 버려져야 할까요?" 기립박수와 함께 통과하였고 급기야 치열한 경쟁을 뚫고 시교육청 연구학교로 지정이 되었다. 이후 연구학교 주무교사로서 학생들의 체험활동을 다양화하고 소질을 계발할 수 있도록 인근 대학교와 공공기관에 공간 활용 및 강사 지원을 요청하여 운영하기도 했다. 괜한 오지랖이 학교 담장을 넘어 남의 구역까지 침범한 것이다.

그렇다고 활발한 성격이거나 침체된 분위기를 띄우는 사교적인 성향은 아니다. 단지 현 상황에서 내 의지와 노력으로 할 수 있는 일은 묵묵히 하는 편이다. 그 결과 전국 교육현장 연구논문대회에서 1등급을 받고 수업 대회에서 우수한 성적을 거두기도 했다. 무엇보다 영광스러운 것은 부산광역시교육청과 YMCA가 공동주관한 제8회 올해의 '참

스승상'을 수상한 점이다. 모두 작은 오지랖에서 비롯된 일이다.

관심과 연민에서 비롯된 오지랖은 본인에게 잔걱정이며 되레 역풍을 맞을 소지가 있고, 반면에 타인에겐 쓸데없는 참견으로 여겨져 상호 불편할 수 있다. 또한 남의 일에 개입하여 해결사 노릇을 자처하기에 물심양면의 손실이 따르기도 한다. 그러나 때때로 '도와 달라.' 말할 힘조차 없는 사람도 있는데 오지랖이 너무 좁아 제 몸 외 주변 상황에 눈감아버리는 무관심보다는 낫지 않을까 생각한다. 내 손실과 귀찮음보다 사람 또는 다수의 이익이 먼저이기에.

'그 가수는 밥을 잘할까? 신곡은 언제 내려나?'

'내 나이가 어때서' 노래를 흥얼거리며 다시 쓸데없는 오지랖이 발동한다.

작가 노트

사람이 허술하다 보니 어이없게 보이스피싱을 당한 적 있다.

만기된 적금 수백만 원이 빈 통장에 입금되던 가슴 벅찬 날이었다. 그러나 뜬금없이 날아온 수십만 원의 상품 결제 메시지에 반응한 것이 화근이 되었다. 돌다리도 두드려본다는 심정으로 발송한 업체에 전화를 했다. 콜센터 여직원은 스마트 텔레비전과 공기청정기를 모바일로 구매하지 않았냐고 되물었다. 그런 적 없다고 했더니 개인정보가 유출된 것 같다며 경찰서에 접수해주겠다고 했다.

얼마 후 서울지방경찰청 사이버수사팀의 김 아무개 경위라고 밝힌 남자가 내 피해 사실을 확인해왔다. 처음엔 나의 억울한 심정을 십분 이해한다는 듯 조곤조곤 수긍하다가 나중엔 피의자쯤으로 생각하고 취조하듯 몰아붙였다. 구매한 적 없는 물건 결제가 된 것은 명의 도용된 사례라고 한다. 통장은 지난해 개설되었으며 내가 대포통장을 보이스피싱범들에게 건네주었단다. 거액의 돈이 들어왔다가 해외로 빠져나가고, 그 대가로 사례금을 받은 공범죄에다, 사유재산을 해외로 은닉한 죄가 추가로 인정된다고 했다.

헛웃음이 나왔다. 결백하므로 대수롭잖게 생각했는데 나를 평온하게 놔두지 않았다. 남자는 분명한 어조로 사건이 검찰에 송치되었다며 사건번호와 담당 검사를 알려줬다. 엉겁결에 그가 알려준 경로대로 전화했다. 담당검사라는 사람과 연결이 되었고 구속수사 대신 그들만의 '약식수사'로 전환이 되었다.

그때부터 홀린 듯 바빠졌다. 내 명의의 통장에서 단돈 일원이라도 정체를 알 수 없는 수입이 있어서는 안 되니 금융감독원의 계좌조회에 동의해야 한단다. 빨리 생지옥 같은 상황에서 벗어나고 싶었다. 어리석게도 그의 지시에 따라 통장잔고를 말했고, 결국은 그날 찾은 적금을 통째 송금하게 되었다. 금융감독원에서 공범 여부 조사를 위해 자금조회를 한 후 곧바로 돌려준다는 말을 온전히 믿었던 것이다.

순간 번쩍 정신이 들었다. 일이 크게 잘못되었다는 생각에 눈앞이 캄캄해졌다. 뭔가 다른 조치가 필요했다. 배탈이 났다며 전화를 끊었다. 그랬더니 곧장 연락이 와서 약식수사 중에는 전 과정을 녹음하므로 기밀누설 방지를 위해 폰은 켜둬야 한단다. 비로소 의심이 현실임을 직시하게 되었다. 온몸이 바르르 떨렸다. 옆방의 작은딸에게 달려갔다.

보이스피싱이라며 나를 뜯어말리던 딸아이는 이미 경찰서에 신고하여 통화 중이었다. 나는 겁먹은 목소리로 피해 사실을 말했다. 경찰관은 송금한 은행으로 연결해주었고 부랴부랴 지급정지를 요청했다. 전화 금융 사기꾼들은 동작이 빨라 어쩌면 인출해 갔을 거라며 안타깝다고 했다. 하늘이 노래졌다. 적금을 만져보지도 못한 채 내 손으로 사기꾼들에게 고스란히 갖다 바쳤으니 어리석고도 무지몽매한 자신이 한탄스럽기만 했다.

소식을 듣고 일찍 퇴근한 남편은 하얗게 질린 나를 닦달하기보다 달랬다. 어떻게 해서든 날아간 돈만큼 벌어줄 것이니 걱정하지 말고 밥부터 먹자며 식탁을 차렸다. "제가 좀 더 강하게 엄마를 말렸어야 했는데…. 죄송해요." 작은딸의 말에 뜨거운 것이 솟아 흘렀다. 그래도 둘째의 재빠른 신고 덕분에 일부는 찾을 수 있다는 기대감에 눈물을 훔쳤다. 타지에서 교직 생활 중이던 큰딸은 나중에야 듣고서 쿨하게 말했다. "살다 보면 그럴 수 있죠 뭐. 엄마만 괜찮으면 돼."였다. 군복무 중이던 아들도 "괜찮아요. 이제 앞으로는 절대 당하지 않을 거잖아."라고 했다. 나의 어리석은 행동을 탓하기 전에 사랑으로 덮어준 남편과 아이들이 무지 고맙게 다가왔다.

이후 지급정지에 걸려 있던 돈은 서너 달의 공고기간을 거쳐 진짜 금융감독원으로부터 절반은 되찾게 되었지만 그때를 생각하면 지금도 아찔하다.

수필을 배우면서 틈틈이 쓴 글을 모아 난생처음 책으로 엮게 되었다. 감개무량한 심정을 뒤로 하고 말미에 보이스피싱 사례를 서술한 이유는 더 이상 나와 같은 피해자가 나오지 않길 바라면서, 가족이 얼마나 커다란 힘이 되고 버팀목이 되는지를 새삼 깨닫게 된 까닭이다. 덮어주고 보듬어주는 가족 사랑은 사람을 살리는 힘이 있다는 것을 말하고 싶었다. 비단 가족에만 국한되랴.

수필가는 인생을 관조하는 작가이다. 생애 첫 수필집이라 개인적인 경험이 많다 보니 독자에겐 의미와 재미가 덜할 수 있다. 다만, 바람이 있다면 새내기 작가가 인생의 무게를 어떻게 받아들이는가를 보고 한 번쯤 고개 끄덕여주면 좋겠다는 것이다.

| 작품 해설 |

인간애, 그 근원적 휴머니즘

—조현숙 수필집 《결을 만지다》

김정화
(문학평론가 · 동의과학대학교 외래교수)

펼치며

인간은 자신이 경험하는 세계를 이야기로써 전달하고자 한다. 끊임없이 자신의 생각과 구상을 내러티브를 통해 표현한다. 이런 현상을 염두에 두고 생겨난 용어가 이야기하는 인간, 즉 '호모 나랜스Homo narrans'이다. 호모 나랜스라는 용어가 암시하듯이, 이야기에는 인간을 해석하고 이해하는 힘이 들어 있다. 특히 서사로서의 문학도 그 일환이다. 자신이 살아온 이야기를 진솔하고 맛깔스럽게 글로써 전달할 수 있다면 이미 이야기꾼으로서의 작가적 자질을 획득하게 된다. 그런 의미에서 조현숙의 첫 수필집 《결을 만지다》의 41편 작품을 통해 작가의 일상적 고백을 들여다보려 한다.

《결을 만지다》에는 크게 세 줄기의 '인간애人間愛'가 교차한다. 첫째는 부모와 남편과 자식 등 혈육으로 이어진 '가족애家族愛'이며, 두 번째는 자신의 가치 회복에 지향점을 둔 '자기애自己愛'라고 할 수 있고, 세 번째는 주변 사람들과의 서사로 엮어진 '관계망關係網'으로 직조되어 있다. 수필이 인간 삶의 세계에서 벗어날 수 없는 문학의 범주이듯 《결을 만지다》에서 조현숙이 다루는 소재는 결코 화려하거나 거창하지 않다. 그러나 경험의 바탕으로 평범한 일상은 신선하게, 엮인 인연은 숭고하게, 시선에 닿은 물상은 가치롭게 재발견되어진 한 권의 인간학으로써 손색이 없다.

그러기에 작가가 〈서문〉에서 밝혔듯이 "평범한 일상들이 얼마나 귀하고 소중한지 알게" 되고 〈작가 노트〉의 고백처럼 "가족이 얼마나 커다란 힘이 되고 버팀목이 되는지를 새삼 깨닫게"게 되는 것이다. 이러한 관점으로 그녀가 "생의 무게를 어떻게 받아들이는가"를 관조하며, 각각의 작품에 담긴 인간의 삶과 그 속에서 발현되는 따뜻한 휴머니즘을 살펴보려 한다.

1. 가족 서사의 힘

가족은 인간 삶의 근원적인 구조이며 휴머니티의 원초적 뿌리이다.

인간은 출생부터 가족이라는 범주 안에서 자신의 존재를 확인한다. 개인과 타자의 첫 대면의 장이자 때로는 권력 갈등이 나타나는 최초의 집합적 공간이다. 가족이 거주하는 집 역시 밖으로 나아가고 다시 되돌아오는 정주 공간으로써 개인의 공간이 되며 세상 속에서의 중심이 된다.

조현숙은 가족의 서사를 소중하게 생각한다. 그녀가 수필을 쓰는 이유 중 하나도 "덮어주고 보듬어주는 가족 사랑은 사람을 살리는 힘이 있다는 것을 말하고" 싶기 때문이다. 작가가 그동안 가족에게 바친 정성과 조건 없는 헌신을 베푼 만큼 가족 역시 믿음과 이해로써 정신적 지지대가 되어준다.

무엇보다 〈남자의 세월〉을 통해 올해 "예순 돌을 맞는 남편 김을규 씨"를 위한 헌사가 돋보인다. 평생 일에만 매달리던 중년의 남편이 요즈음 달라졌다. 외모 관리도 하고 유행도 좇고 집안일도 거든다. 반면, 예전과 달리 드라마에도 몰입하고 작은 일에도 서운해하는 감정 분화가 잦다. 그녀는 이러한 현상을 남편의 "갱년기"라고 진단한다.

> 남자도 세월의 무게에 쇠락하는 몸만큼 마음병을 앓는 모양이다. 그럴 때면 나는 남편을 치켜세우다가 바닥에 떨어뜨리기도 한다. 월급날마다 마누라뿐 아니라 장모님 통장에도 생활비를 꼬박꼬박 자동이체하는 사위가 세상에 어디 또 있겠냐면서. 하지만 말에도 온도가 있으니 가족에게

말투를 좀 더 따뜻하게 해 달라고 덧붙인다.

조현숙은 현명한 아내이다. 남편의 회한 어린 실패담에 조용히 귀 기울여주고 반복되는 재기의 레퍼토리에도 매번 감동의 표정을 지어 보인다. 그것이 "맨손 투혼"으로 가정을 굳건하게 지켜낸 남편을 옹호하고 위로하는 미덕임을 알고 있다. 나아가 "내 남편이 자기주장만 고집하는 꼰대를 벗어나 유연한 삶의 향기가 나는 꽃대로 존경받길" 희원하는 마음을 받들기 때문이다.

어미로서의 세 자녀에게 갖는 모성애는 작품 곳곳에서 살뜰하게 드러난다. 〈미네르바의 부엉이〉에서는 임용고시 합격 후 교사의 길을 걷는 큰딸에게 보내는 응원의 메시지를, 〈괜찮아〉에서는 견진성사를 앞둔 작은딸에게 용기와 격려를, 〈가랑비에 옷 젖는 줄 모른다〉에서는 입영하는 아들에게 걱정과 당부의 심경을 밝힌다. 아울러 〈특별한 소포〉를 통해 부모의 실존성을 확인하고 형제애를 당부하는 어미의 속마음을 은은하게 풀어놓는다.

좁은 거실 한켠을 장식한 고가의 안마 의자를 보노라면 소탈한 큰딸의 고생과 속정이 느껴져 가슴이 뭉클하다. 부모를 위해 비상금에다 건설 현장에서 일용직으로 아르바이트하여 모은 돈으로 선물해 준 것이기에 잘 모셔둔 것이다. 섬세한 작은딸은 제 언니의 생일날에 직장으로 백 송이 장미꽃 바구니를 택배로 보내어 자매간의 정을 돈독히 하였다. 아들 역시 제 누나들을 존중하고 잘 따르는 편이다.

세상의 모든 어머니의 역할은 자식에게 가장 기본적인 가치관을 가르치는 구심체가 되기에 조현숙 또한 어머니로서의 소명을 철저히 지켜낸다. 부모의 입장에서는 "자기 색깔만 고집하지 않고 부대끼면서도 서로 의지하며" 정을 나누고 살아가기를 기대하는 것만큼 더 이상 바랄 것이 없게 된다. 〈인생나무〉와 〈동행〉, 〈험한 세상 다리가 되어〉, 〈구두〉 등에서도 시댁과 친정의 부모님과 일가친척들에 대한 존경과 사랑이 담긴 인정미 넘치는 '가족애'로써 삶의 공존 방식을 보여준다.

2. 자기애의 회복

오늘날 트랜드에서 한 축을 차지하는 것이 있다면 '자기애'라고 할 수 있을 것이다. 나를 위한 것, 나를 향한 것 그리고 지금의 나를 알아가는 것이 시대를 주도하고 있다. 소소하지만 확실한 행복을 뜻하는 '소확행'이나 나의 기준을 존중하고 스스로를 사랑하는 나만의 세상이라는 '나나랜드', 일과 삶의 균형을 의미하는 '워라밸' 등의 신조어가 생겨나고, 혼밥, 혼술, 혼영 등을 유행시킨 욜로YOLO 라이프로의 삶이 진행된다. 비단 밀레니얼 세대가 아니더라도 고통과 시련을 이겨낸 세대라면 누구나 자기애를 통해 상처를 회복하고 자신을 위로하려 한다.

그러나 이러한 자기애의 본질은 타인에 대한 무관심이나 이기심의 충족에 있지 않다. 보여주기 위한 '나'가 아니라 스스로 자신을 돌보고 사랑하는 자기발견의 수단으로 승화시킨다. 조현숙 역시 표제작 〈결을 만지다〉에서 "내 마음의 날이 무디어져야만 타인의 마음도 어루만질 수" 있음을 확신한다.

> 그러나 모든 일은 받아들이는 사람의 마음가짐에 따라 해석이 달라지는 법. 느긋한 아침을 누리게 되니 생각이 달라졌다. 시시비비를 따지고 예민하게 굴던 일들이 모두 부질없다는 생각이 든다. 왜곡된 시선과 단호한 말투에 상처받았을 마음들이 전해져오는 듯하여 가슴이 아리다. 자책하는 자신을 향해 '그때는 최선의 방법이었다.' 하며 다독여 본다.

조현숙은 30여 년 다니던 직장의 굴레를 스스로 벗어버렸다. 그동안 호명되었던 '선생님'에서 '전업주부'라는 새 이름표를 달고 제2의 인생을 살아간다. 〈집으로〉와 〈쉼태態〉에서 드러나듯이 이웃의 같은 전업주부들과 친목을 쌓고, 글쓰기를 배우며, 성악 교실에도 등록하고, 골프도 치며 인생을 "재부팅"하기에 이르렀다. 그래서 "인생이 막 재미있어지기 시작했다"는 언술에 동참할 수밖에 없다.

어린 시절 어둠 속 도랑에서 〈괘종시계가 울리던 밤〉을 보내던 시골 소녀가 〈사춘기, 그게 뭐였죠?〉라는 독백처럼 자존감을 생각할 겨를도 없이 고군분투 노력하였고, 〈모르면 물어보라〉는 좌우명을 새기게 된 교육대학교에 입학함으로써 교육자의 길을 걷게 되었으며 〈괜한 오지랖〉에서 제자 사랑이 드러나듯 이타적 삶을 몸소 실천하였다. 따라서 "가난한 유년 시절의 설움을 잠재우고 희망을 안겨주던" 〈공소〉를 다시 찾아 "여정의 길을 잃지 않으리라"는 다짐을 하게 되며, 〈피에로가 웃고 있지〉를 통해 진정한 내면을 들여다보는 여유가 생긴 것이다.

> 피에로가 베레모를 쓴 채 까딱거린다. …… 지난 일은 잊고 다시 일어나라 한다. 쓰린 속을 다 알고 있다는 듯 꼬마 피에로는 나를 향해 찡긋 웃는다. 엉킨 마음의 실타래가 있어도 찬찬히 풀어보라고 웃으며 응원한다. 무게 중심을 오뚝이처럼 아래로 묵직하게 둔 채 안정된 마음으로 조용히 헤쳐가라는 말 없는 말로 이른다.

작가 스스로 "가녀린 나"에게 전하는 응원의 메시지는 〈예순도 젊다〉와 〈아직은 괜찮은 나이〉, 〈놓아라〉와 〈감사합니다〉, 〈설거지〉와 〈외투를 던지다〉 등을 통해서도 이어진다. 그 결과 가족과 주변 지인들 〈덕분에〉 "삶의 평형수를 스스럼없이 품어 안는다."고 술회하게 되었다.

자신을 어떻게 사랑할 것인가 하는 문제는 자신을 지키고자 하는 열망에서 비롯되었다고 할 수 있다. 아우구스티누스의 경우 “신을 사랑하기 위하여 자신을 사랑한다면 그것은 향유이지만, 자기애를 만족시키기 위해 신을 사랑하는 것은 이용이다.”라고 규명하였고, 에리히 프롬 역시 “이기적인 사람은 다른 사람을 사랑하지 못한다는 것도 사실이지만, 또한 자기 자신을 사랑하지도 못한다.”라고 할 만큼 그들은 자기애를 인간 사랑의 기초로 주창하였다. 이러한 자기애의 방향성은 결코 나르시시즘인 자아도취가 아니라 나에게서 타인에게로, 우리로 나아갈 수 있는 기반이 된다는 점에 주목할 필요가 있다.

3. 타인과의 관계망

인간의 삶은 관계망으로 이루어져 있다. 자연과 인간, 물상과 인간, 인간과 인간으로 결합과 해체가 반복된다. 바람직한 사회는 모든 존재의 연결성과 상호의존성 논리에 따른 다원적 사고를 존중해야 한다. 전체와 개체, 개체와 개체의 다양성과 개별성을 인정하고 개인의 경험과 신념을 존중해주는 것에서부터 출발한다.

내가 나 자신이 될 수 있는 것도 혼자만의 힘으로 되는 것이 아니라 타인과의 관계 속에서 가능한 일이다. 나와 가족과 이웃을 통해 ‘우리’

가 될 수 있는 것이다. 일반적으로 이웃이라 함은 공간적으로 가까이 있는 사람을 지칭한다. 그러나 진정한 이웃은 심리적으로 가까이 있는 사람을 모두 포함한다. 조현숙의 수필에는 다양한 이웃이 등장한다. 당당하게 자기계발을 하는 이웃도 있고, 일상과 부조화를 겪는 이도 나타나며, 전문가로서 독보적인 존재의 지인도 있다. 등단작 〈언덕〉에서는 고향 동네 어르신이 보여준 순아한 정을 펼쳐내었다.

> 노인의 정을 품은 상추와 쑥갓, 어머니의 손맛이 담긴 파김치를 양껏 올렸다. 행여 고향 풋향 만으로는 제대로 빛을 발휘하지 못할까 봐 음식궁합이 좋은 삼겹살도 구웠다. 여린 상추와 쑥갓에다 잘 익은 삼겹살과 파김치를 올려 상추쌈을 싼다. 손바닥에서 초록이 높게 쌓인다. 희망을 꿈꾸던 유년의 언덕배기가 선하게 보인다. 오늘만큼은 고향 상추쌈이 나의 언덕이다.

유년 시절의 언덕이 장사 가신 어머니를 기다리던 장소였고 놀이터가 되었다면, 지금의 언덕은 작가의 과거와 현재를 이어주고 시골과 도시를 연결하는 끈이 되었다. 이제 조현숙의 언덕은 고향 마을에만 있지 아니하다. 고향 푸성귀로 차린 식탁 앞에서 손바닥 높이 올린 상추쌈마저 "나의 언덕"으로 구현되는 것이다. 아울러 '네 이웃을 사랑하라.'는 성경 말씀이 아니더라도 그녀는 늘 주변인의 삶과 인정의 세계에 깊이 공명한다. 〈바이러스〉에 나타난 작가의 담론이 대표적 예시다.

사람 사이의 정이 옅어지는 요즘 세상에 나에게도 해피바이러스를 지닌 이웃들이 있어서 고맙기만 하다. 이웃 아우 딸의 의과대학 합격 소식이 내 일처럼 반갑고 고맙다. 축하 인사를 건네면서도 수많은 날을 수험생 부모로서 감당했을 수고로움이 떠올라 가슴이 찡해왔다. 일흔을 훌쩍 넘긴 아파트 성님은 무명 가수로 데뷔한 이후 처음으로 TV에 나오게 되었단다. 흥분을 가라앉히고 방송프로그램과 시간을 안내해주신다. 혹여 놓칠세라 방송 시간 알람을 맞추고 본인도 찾느라 쩔쩔매던 생생한 명장면을 찍어 보내드렸다.

조현숙은 타인의 존재를 있는 그대로 받아들인다. 혹여 이웃의 일상이 화자와 부조화로 엮일지언정 타자들의 정체성을 수용하는 미덕을 보인다. 그러면 자신도 작으나마 "해피바이러스 역할"을 할 수 있게 되는 것이라고 믿는다. 〈그곳에 가면〉에서는 복날을 맞아 전복 삼계탕을 끓여 주는 "이 여사님"을, 〈무릉도원에서 기적을 만나다〉에서는 작가 가족들의 주치의가 된 "도인"을, 〈기다리다〉에서는 노점상 할머니들과의 귀한 만남을 정감의 문장으로 그려내었다. 그러한 인식은 지평을 넓혀 〈동네 목욕탕〉도 몸뿐만 아니라 "마음의 때"를 씻어내는 공간으로 확장시킨다. 그곳에서 만난 여든의 "동양화가"와 〈불쏘시개〉에서 보여준 아파트 지인들과의 인연도 삶의 "터닝 포인트"가 되어준다.

이렇듯 사회라는 공동체는 사람에 대한 연민과 애정이 담긴 개인의 온기로써 조화롭게 만든다. 인간이란 더불어 살 수 있을 때 비로소 미성숙된 자기 자신을 완성시키는 힘을 획득하게 되는 것이다.

닫으며

문학은 글로 쓰여진 인간을 살펴보는 일이다. 그것이 작가론으로 표상되든 등장인물로 구축되든 작품 속에서 인간의 정체성이나 인간과의 관계성을 살펴보는 일은 당연한 처사라 하겠다. 그러므로 문학 자체를 인간학이라는 좌표로 세운다면 뒤퐁의 "글은 곧 사람"이라는 공식이 성립됨을 알 수 있다.

조현숙은 본질적인 휴머니즘에 대한 대답을 안고 있는 작가이다. 작가는 물질성이 범람하는 현대시대에 정신과 육체적 비대칭을 극복하는 한 방법으로 기꺼이 수필쓰기를 선택하였다. 그녀가 소재로 엮은 인물은 '나-가족-이웃'을 선회하지만, 섬세한 감각과 정감의 필치로 인간애적 사유를 확장시켜내었다. 비로소 수필집 《결을 만지다》가 한 권의 인간학으로 완성된 것이다.

그럼으로써 가족과의 애정은 더욱 굳건해지고, 이웃과의 관계망도 더욱 유연해지며, 마음 구석에 고착된 "내면아이"도 살갑게 보듬어 세우리라 확신한다. 니체의 "너는 너 자신이 되어야 한다."는 경구를 떠올리며 계속되는 작가의 문학적 사유를 기대한다.

조현숙 수필집

결을 만지다

인쇄 2020년 12월 10일
발행 2020년 12월 13일

지은이 조현숙
발행인 서정환
펴낸곳 수필과비평사
주소 서울시 종로구 삼일대로 32길 36(익선동 30-6 운현신화타워) 305호
전화 (02) 3675-3885, (063) 275-4000 · 0484
팩스 (063) 274-3131
이메일 sina321@hanmail.net essay321@hanmail.net
출판등록 제300-2013-133호
인쇄 · 제본 신아출판사

ISBN 979-11-5933-311-8 03810

값 13,000원

이 도서의 국립중앙도서관 출판예정도서목록(CIP)은 서지정보유통지원시스템 홈페이지(http://seoji.nl.go.kr)와 국가자료공동목록시스템(http://www.nl.go.kr/kolisnet)에서 이용하실 수 있습니다.(CIP제어번호: CIP2020052374)

Printed in KOREA